KB034321

실천 독서

실천을 10배로 올리는 독서의 기술

실천독서

지은이 이향남
펴낸곳 북포스
펴낸이 방현철

편집자 이민혜

1판 1쇄 찍은날 2018년 3월 23일
1판 1쇄 펴낸날 2018년 3월 30일

출판등록 2004년 02월 03일 제313-00026호
주소 서울시 영등포구 양평동5가 18 우림라이온스밸리 B동 512호
전화 (02)337-9888
팩스 (02)337-6665
전자우편 bhcbang@hanmail.net

이 도서의 국립중앙도서관 출판시도서목록(CIP)은 e-CIP 홈페이지(http://www.nl.go.kr/ecip)와 국가자료공동목록시스템(http://www.nl.go.kr/kolisnet)에서 이용하실 수 있습니다.
(CIP제어번호 : 2018007761)

ISBN 979-11-5815-018-1 03190
값 13,000원

실천 독서

실천을 10배로 올리는 독서의 기술

─ 이향남 지음 ─

북포스

당신의 보이지 않는 잠재력을 끌어내 보여주는
실천 독서법

    다음의 그림을 보기 바란다. 그림 속 컵을 보면서 '컵 속에 무
엇이 들어있어요?' 라고 물었을 때 보통은 두 가지 중 하나의 답
을 한다.

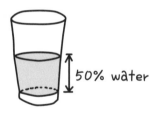

A : "컵 속에 물이 반밖에 안 남았어요!"
B : "컵 속에 물이 반이나 남았어요!"

여러분은 A와 B 중 어느 쪽에 해당 되는가?

하지만 시선을 조금만 달리하면 이렇게 생각해 볼 수 있다.

"이미 컵 속은 물 50%, 공기 50%로 가득 채워져 있다!"

우리는 이처럼 사물을 볼 때 눈에 보이는 부분만을 보고 판단하는 경향을 가지고 있다. 어찌 보면 당연하기도 하다. 하지만 이런 '당연한' 생각이 여러분의 잠재력을 더욱 제한하는 습관을 만들어 준다.

책 읽기에서도 마찬가지다. 책을 읽는 독자들은 책을 읽고 나서 습관적으로 이렇게 생각해 버린다.

A : "저자니까 그렇게 하지. 난 이 정도밖에 안 돼!"
B : "지금 삶도 괜찮아. 난 이 정도면 충분해!"

　책을 읽는 여러분은 어느 쪽에 해당되는가?
이미 언급된 물 컵 이야기를 통해 벌써 눈치 챘을 것이다. 위의
두 대답 모두 옳다. 하지만, 우리는 그 이상의 존재다.
　우리가 지닌 능력의 컵을 들여다보자. 여러분의 능력의 컵에는
지금까지의 경험으로 얻은 지식과 지혜가 반이 채워져 있고, 나
머지는 잠재력의 빈 공간으로 채워져 있다. 반만 채워져 있는 능
력의 컵에 나머지 반은 인식하기가 쉽지 않다. 이미 채워져 있는
데도 말이다. 이렇게 텅 비어 보이는 잠재력의 영역은 보이지 않
아, 인식하고 실천하지 않으면 현실로 나타나지 않는다.

　하지만 비어 보이는 잠재력의 공간을 채우는 방법이 있다. 그
것이 바로 '실천 독서'다. 책을 읽는 이유 중 하나가 내가 경험하
지 못한 것의 간접경험이다. 내가 계발하고 싶거나, 경험하고 싶
은 것을 책을 통해 배우는 것이다.

책은 대부분 그 분야에서 성과를 낸 사람이나 성공한 사람처럼 '자신만의 뭔가'를 가진 사람들이 쓴다. 저자가 살아오면서 '실천해 보니 이렇게 잘 된 것 같다'라는 경험으로 말이다.

물론 필자가 이야기하는 책은 소설, 시 또는 에세이 류가 아니라 자기계발서라는 점을 염두에 두고 읽어주길 바란다.

이렇게 내가 경험하지 못한 것을 책을 통해 저자의 지식과 지혜를 내 경험으로 만드는 것이 실천독서이다. 이 실천 독서를 통해 보이지 않고, 인식하지 못했던 내 능력도 한 단계 계발시킬 수 있는 셈이다. 보이지 않던 잠재력의 비어있던 능력의 컵이 실천을 통해 인식할 수 있는 우리의 능력으로, 성과로 보여지게 된다.

다시 한 번 강조하지만, 우리는 우리가 생각하는 그 이상의 존재가 될 수 있다. 실천독서를 통해 내가 알지 못했던 나를 온전히 채워 갈 수 있는 것이다.

이향남

프롤로그_
당신의 보이지 않는 잠재력을 끌어내 보여주는 실천독서법

차례

1장

선 택

관 계

태 도

4장

변 화

실천독서

선 택

‘어떤 독서를 할 것인가?’ 는 책 읽기를 시작하려는

우리들의 선택의 문제이다.

난 책을 읽는 수많은 이유 중에

‘잊고 있었던 것을 실천하겠다.’ 고 선택했다.

01_ 왜 실천독서인가?

"선배, 인터넷이나 독서나 정보를 얻으려고 하는 것인데, 꼭 책을 읽을 필요는 없잖아요? 인터넷이나 TV를 통해서도 요즘은 엄청 좋은 정보들이 많아요!"

퇴근을 같이 하던 직장 후배가 던지는 말이다. 그런 말에 이렇게 되물었다.

"그런 정보를 받아들여서 어떻게 변했나요?"

"음..."

인터넷이 보급화 되지 않았던 시대에는 책은 정보를 제공하는 중요한 역할을 했다. 하지만 지금은 모든 정보를 손안에서도 너무나 쉽게 제공받을 수 있다. 그렇다면 1년 전에 출간된 책을 보

는 것이 철 지난 정보를 보는 것인가. 책을 보는 목적에 대해 고
민해 보지 않을 수 없다.

우리나라의 인터넷 보급률은 2000년 49.8%, 2014년 81.6%
로 31.8%가 증가했다. 인터넷 보급률의 증가로 독서율도 2000
년 59.4%에서 2015년 56.2%로 감소한 것으로 나타났다. 블로
그, 유튜브, 인터넷 포털을 통해 모든 정보들을 실시간으로 보
고 듣고 있다.

단순히 정보 차원에서 본다면 인터넷 시대에 정보를 얻기 위해
서 책을 읽는다는 것은 시간 낭비가 될 수 있다. 모바일이나 PC
를 통해 우리가 원하는 다양한 정보를 빠른 시간에 얻을 수 있
으니 말이다.

정보를 얻는다는 입장에서는 책보다 인터넷이 훨씬 효과적이
고 효율적이다. 하지만 독서의 목적은 정보를 습득하는 데에 있
지 않다.

이제는 인터넷과 독서의 역할이 명확히 구분되어야 한다. 인터
넷은 다양한 정보를 습득하는 도구로, 책은 습득한 내용을 깨닫
고 실천하는 용도로 활용되어야 한다. 독서는 정보화 시대에서
경쟁력 있는 자기계발을 하는 수단으로, 책을 읽는 목적이 바뀌

어야 하는 셈이다.

인터넷 때문에 독서가 줄어드는 것이 현실이다. 하지만 책의 역
할은 단순히 인터넷이 주는 가치와는 차원이 다르기 때문에, 인
터넷이 독서를 대처 가능하다고 생각한다면 큰 오산이다. 인터
넷과 책 읽기의 역할이 명확히 구분되어야 하고, 그 역할을 제안
해주는 것이 이 책의 목적이기도 이다.

책은 세 번 태어난다. 책이 출간 되는 날, 독자가 읽는 날 그리
고 독자가 읽고 그것을 실천하는 날. 책 읽기는 저자와의 소리 없
는 대화를 하는 것이다. 단순히 읽는 것도 의미가 있다.

**하지만 이 책의 주제는 실천하기 위한 책 읽기다. 저자의 경험
을 내 것으로 만들기 위한 것이 책 읽기의 궁극적인 목적이다.**

02_삼각형의 두 변의 합은 남은 한 변보다 길다.

　삼각형이 있다. 삼각형의 두 변의 합은 다른 한 변보다 길다. 수학적으로도 옳다. 하지만 수학에 대한 것이 아니라 책 읽기를 이 공식에 대입해본다면 결과가 달라질 수 있다.

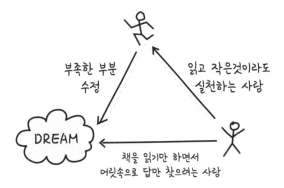

부족한 부분
수정

읽고 작은것이라도
실천하는 사랑

DREAM

책을 읽기만 하면서
머릿속으로 답만 찾으려는 사랑

실천독서는 뭔가를 이루기 위한 독서이다. 그 뭔가를 DREAM이라고 하자. 목표일 수도 있고, 자기가 개발하려고 하는 능력일 수 있다. 이렇게 DREAM에 도착하기 위해서 하는 독서가 실천독서인 셈이다.

지금의 지점에서 DREAM의 지점을 향해 최단 거리로 곧장 전진하면 가장 이상적이다. 하지만 현실에서는 어디까지나 이상일 뿐이다. 책을 읽으면서 머리로 생각만 하는, 또는 지식으로 꽉 차기만 한 사람은 DREAM에 언제 도달할지 알 수 없다. 실행하지 않기 때문에 움직이지 않고 있는 셈이다.

그렇다고 관련된 책을 보면서 따라 한다고 하는 것이 실제 최선책이 아닐 수도 있다. 도중에 이건 아닌데 하면서 멈추어서는 다른 방법을 찾느라 시간을 낭비할 수도 있다.

그렇다면 원하는 DREAM에 도달하기 위한 최선의 방법은 무엇일까? 일단 당신의 DREAM을 위해 세세한 내용을 정할 때까지 실행하지 않으면서 시간을 낭비하는 것이 아니라 우선 작은 것이라도 시작하는 것이다.

일단 해보는 것이다.

하다가 보면 '이 부분이 부족했구나, 이런 부분이 나에게는 필요하구나'라고 생각이 든다. 부딪혀봐야 알게 되는 깨달음들이 있기 마련이다. 잘못되었다고 생각이 들 때면 방향을 수정하면 된다.

그런 관점에서라면 가만히 앉아서 생각만 많은 사람보다 실행이 빠른 사람이 돌아가더라도 DREAM에 빨리 도달 할 수 있다. 책만 읽으면서 머릿속으로 이런저런 생각만 하고, 이리저리 재보기보다는 우선 작은 것이라도 직접 실천하고 움직이는 편이 훨씬 유리하다.

이렇게 독서를 통해 자신의 DREAM을 이루어 가는 과정이 실천독서다. 변화를 위한 독서인만큼 실천독서에서 언급하는 '책'이란 자기계발서 또는 실용서를 말한다. 보통 이런 종류의 책들은 독자의 삶의 질 향상과 목표 달성을 위한 조언들로 가득하다. 하지만 대부분의 경우에는 아무런 행동 없이 문자를 읽어내려 가는 '다독'이 그저 '다독'으로 끝나는 경우가 대부분이다.

반대로 책을 전혀 읽지 않았지만 성공한 사람들도 많이 있는 것이 사실이다. 그들의 공통점도 '실천'에 있다. 우리가 책으로 읽어야 아는 내용을 그들은 '읽지 않아도 자연스럽게 실천하는 능력'을 가진 사람들이다. 하지만 대부분의 사람들은 그런 능력을 발휘하지 못한다.

그렇다고 방법이 없는 것도 아니다. 지금부터라도 책을 많이 읽었다는 위안을 얻기 위한 독서에서 원하는 것을 이루기 위한 작은 실천의 독서를 해보는 것이다.

책의 내용은 저자가 실제 적용해 보고 도움이 될 만한 내용들을 정리했다. 물론 모든 사람들에게 적용되는 것은 아닐 것이다. 하지만 독서를 통해 이루고 싶은 것이 있다면 분명 도움이 될 것이다. 여러분의 꿈도 행동을 통해 실현되기 때문에.

03_미사일의 원리와 같은 실천독서

옛날에는 미사일이 어떻게 타겟을 공격했을까?

예전에는 미사일을 발사하려면 우선 준비를 하고, 타겟을 조준한 다음 발사를 했다. 정확하게 타겟을 명중시키려면 준비와 조준의 시간이 많이 필요했다. 발사를 위한 사전 시간이 그만큼 많이 필요했던 셈이다.

옛날의 미사일 발사

준비   조준   발사

하지만 지금은 시대와 상황이 많이 바뀌었다. 미사일을 먼저 발사하고, GPS를 통해 날아가는 미사일을 조준하고 그 다음 일어날 상황을 대비해서 발 빠른 준비를 한다. 긴급한 상황에서 최대한 정확도를 높이면서 신속하게 대처하는 방법이다.

지금의 미사일 발사

발사   조준   준비

이 과정을 삶에 적용시켜보면 어떨까? 미사일을 발사하는 순서가 준비-조준-발사에서 발사-조준-준비로 변화했듯이. 일단 실천하고 목표를 위해 조준하고 다음 단계를 위해 준비하는 것이다.

해외여행을 가고 싶어 계획을 짠다고 생각해 보자. 보통은 준비-조준-발사의 순서를 따른다. 여행을 가기 위해 어디를 갈지 정보를 모으고, 여행용 캐리어와 안내책자 등을 준비한다. 다음에는 어떤 도시를 갈지 세부적으로 조율하고, 숙박은 어떻게 할 것인지 생각한다. 마지막으로 마음의 결정을 하면 비행기 티켓을 구매하게 된다.

하지만 이런 의사결정은 당신의 실천을 힘들게 만드는 장애요인이 많다. 이탈리아여행을 계획하고 있는 친구가 있었다. 그 친구는 여기저기 어디로 갈지 친구들에게 물어보고 정보를 구했다. 때로는 이탈리아보다는 프랑스가 좋다거나 스페인의 분위기가 좋다는 주변의 조언에 의사결정을 번복하며 망설였다. 결국 몇 주간의 고심 끝에 이탈리아를 여행하기로 마음을 먹고, 각 도시의 정보를 수집했다. 정보를 수집하다 보니 언어를 조금 알고 가는 것이 도움이 될 것 같아 인사말이나 쇼핑에 필요한 기본적인 언어를 공부를 했다. 이렇게 준비과정이 길어지다 보니 여행을 가는 것이 즐거움이 아닌 부담으로 와 닿기 시작했다.

'아. 힘들어.'
'여행을 가려니, 챙길 게 한 두 개가 아니군. 시간도 없는데...'

결국 여행을 가려던 친구는 포기를 하고, 지금도 '언젠가' 갈 것이라는 계획과 준비만 하고 있다. 친구의 여행도 준비(여행준비) - 조준(지역정보 파악, 일정조율) - 발사 (티켓 구매, 출발)의 단계를 거쳐 진행하고 있었다. 하지만 아직도 진행형인 여행준비인 셈이다.

해외여행을 가는 가장 빠른 방법은 이태리행 티켓을 사고(발사) - 세부 일정을 조율하고(조준) - 떠날 준비물(준비)을 챙기면 된다. 목표를 달성하기 위해서는 준비 과정이 복잡하거나 길어서는 안 된다. 목표를 이루지 못하는 대부분의 사람들은 준비를 완벽하게 한 후에 뭔가를 시작하려고 한다. 완벽하게 준비하려 하니, 준비만 계속 하게 되는 것이다.

발사
티켓구매

조준
일정조율

준비
여행정보 모으기,
준비물 챙기기

여행 준비 A군

여행 준비 B군

여행 준비를 하는 A와 B중 누가 여행을 실제로 갈 확률이 높을까? A가 실제로 여행을 갈 확률이 훨씬 높다.

우리는 완벽한 존재가 아니다. 지금 완벽한 사람이라면 뭔가를 할 필요가 없고, 노력할 필요도 없다. 완벽하지 않기에 노력하고, 뭔가를 시작하려고 하는 것 아닌가. 실천을 위한 가장 간단한 방법은 당신이 생각하는 실천의 가장 마지막 단계라고 생각되는 것을 가장 우선적으로 하고, 그 다음을 조정하는 것이다.

필자가 이 책을 통해 소개해 주려고 하는 것은 이런 목표를 겨냥한 미사일의 원리와 같은 실천 독서법이다. 책을 읽으면서 실천도 마찬가지다. 저자의 책은 독자의 힘든 감성을 채워주는 책은 아니다. 어떻게 하면 원하는 실천을 통해 자신을 변화시키고,

이루고자 하는 DREAM에 조금 더 가까이 다가서는가 하는 것
이다.

　원하는 것을 얻기 위해서는 생각에만 그치는 것이 아니라 행동
으로 옮겨야 한다. 어떻게 보면 책을 읽는다는 것도 무엇인가 변
화를 원하기 때문이다. 현재 상황에 대한 답을 원하든, 앞으로 하
고 싶은 일에 대한 책을 보던, 건강에 대한 책을 보면서 정보를
얻고 싶든, 자기계발을 위한 책을 보든 간에 지금의 모습보다 성
장한 모습을 바란다.
　미래의 뿌리는 지금에 있다. 책을 통한 작은 실천이 당신의 미
래를 위한 건실한 뿌리를 만들어 줄 수 있으리라.

04_ 낭비성 독서 vs 투자성 독서

책을 읽는 것이 낭비인가 투자인가? 책을 읽는다고 모든 것이 도움이 되지는 않는다. 우리가 독서를 한다는 것은 기본적으로 두 가지 성격을 가진다. 그것은 바로 '소비'와 '투자'이다

소비와 투자의 사전적 의미는 아래와 같다.

- **소비** 돈이나 물자, 시간, 노력 따위를 들이거나 써서 없앰

- **투자** 이익을 얻기 위하여 어떤 일이나 사업에 자본을 대거나

      시간이나 정성을 쏟음

독서를 하는 데 있어 소비란 책을 읽지만 단순히 시간을 때우는 행위이다. 친구를 만나기 위해 나갔는데 30분 정도의 여유시간이 생겨 주위 서점에서 시간을 때우기 위해 소설책이나 잡지를 보는 것이 될 수 있다.

투자란 장래에 어떤 형태로든 되돌아오는 것을 예상하고 읽는 것이다. 예를 들어 사업의 아이디어를 얻기 위해 트렌드에 대한 책을 보는 경우, 2년 후 자신의 집을 짓기 위해 디자인에 대한 책을 읽는 경우가 투자에 해당된다. 작가들이 책을 쓰기 위해 관련 분야의 책을 정독 또는 다독하는 것도 투자라 할 수 있다.

정신적 영성적 삶의 깊이를 더하려고 하는 책 읽기도 역시 투자성 독서라고 할 만하다. 독서를 통해 성장을 하려는 사람이라면 투자를 위한 독서를 할 것이다. 지금은 시간을 들이지만 우리의 미래를 새롭게 만들어 주기 때문이다. 투자성 독서는 내가 이루고자 하는 상상을 가져오게 하는 책 읽기이다.

하지만 소비성 독서는 단순히 시간을 때우기 위해서 이루고자 하는 것이 있지만 그것과 직, 간접적인 관련이 없는 독서를 하는 경우이다. 야구를 잘하기 위해서 수영 연습을 하고 있는 건 아닌가 생각해 보길 바란다. 내가 하고 싶은 일과 연관된 독서를 하는 것도 소비성 독서를 피하는 방법이 된다.

말하자면, 쓸데없는 독서는 하지 않는 것이다. 무료함을 달래기 위해 책을 읽지 말고, 단순 흥미를 위한 소설 등은 탐독하지 말라고 말하고 싶다.

그렇다고 소비적 성격의 독서가 값어치가 없다는 것은 아니다. 적어도 그 시간에는 의미 있는 일이라는 것이다. 하지만 주어진 시간을 단순한 책 읽기로 소비하기 때문에 시간을 태워 없애는 것과 같다.

나를 위한 투자인가? 소비인가?

오늘보다 내일이 더 성장하려는 마음가짐이 있다면 내가 하는 책 읽기가 나를 위한 투자인지 소비인지는 생각해 봐야 한다. 우리의 삶은 순간순간이 중요하다.

단순히 나를 소비하기 위한 독서는 안 하는 편이 나을 수도 있다. 그 시간에 나에게 더 소중한 것을 하면 되니까. 하지만 더 나은 나를 위해, 더 성장한 내일을 기대하기 위해서는 투자는 꼭 필요하다. 독서가 가져오는 투자 말이다.

05_ 파레토 법칙 그리고 현명한 포기!

독서를 하다 보면 시도해보고 싶은 것들이 여럿 나타나기 마련이다. 하지만 많은 변화를 한꺼번에 만들어내는 일은 쉽지 않다. 많은 사람들이 독서를 통해 변화하지 못하는 이유 중 하나가 한꺼번에 많은 일들을 시도하기 때문이다.

___

실천독서에서 잊지 말아야 할 중요한 원칙이 있다.
내 삶을 변화시킬 하나의 키워드를 찾아내는 것이다.

___

필자의 첫 번째 책 <나는 뇌섹남이다>에서 언급한 말이다.

'모든 것을 할 수는 없다.

정말 중요한 것을 하려면 하지 말아야 할 것을 결정해야 한다.

현명한 포기를 해야 한다는 것이다.

더 중요한 일, 더 가치 있는 일에 집중하기 위해서는

적절할 때 단념할 줄 알아야 한다.

현명한 포기는 현명한 선택만큼이나 중요하다.'

그렇다면 어떻게 포기를 현명하게 할 수 있을까? 이에 대한 현명한 대답을 <원씽 The One Thing>이라는 책에서 볼 수 있다. 게리 켈러와 제이 파파산은 이렇게 말한다.

'성공에 있어 80/20 법칙은 시작이지 끝이 아니다. 파레토가 시작한 것을 당신이 끝내야 한다. 계속해라. 20퍼센트만 남기고, 거기에서 다시 20퍼센트만 남기는 식으로 가장 중요한 단 하나에 이르기까지 계속해라!'

그렇다. 우리가 알고 있는 80/20의 파레토 법칙을 끝까지 계속 계산해 보는 것이다. 하나의 일에 25개의 세부사항이 있다면, 그 중 20퍼센트인 5개의 중요한 일이 있다. 다시 그 5개의 일 중에서 20퍼센트에 해당하는 1개의 일이 무엇인지 찾아내고 집중하는 것이다.

원씽에서 말해주는 중요한 일 하나를 남기는 방법은 나에겐 좋은 해결책이 되었다. 내가 일하면서 사용하는 방식이기도 하다. 정해진 시간에 모든 것을 할 수 없다. 정해진 시간에 일을 효과적으로 하려면 반드시 제대로 해야 할 중요한 하나를 찾아내야 한다.

이는 독서에도 똑같이 적용된다. 내가 책을 읽고 단 하나의 실천을 강조하는 것도 같은 이유이다. 한 책에는 정말 많은 정보와 내용이 담겨있다. 모든 것을 다 실천해 보려고 하면, 1년에 한 두 권의 독서도 힘들 것이다. 하지만 나에게 도움이 될 만한 단 하나를 선택해서 실천하는 것은 어렵지 않은 일이다.

나는 어떤 책을 읽든 실천해야 할 '나만의 키워드' 하나를 만들어낸다. 그렇게 만들어 낸 키워드는 읽었던 책과 아이디어 노트에 꼭 메모해 둔다. '이것 하나만은 꼭 기억하고 실천해 보자'라는 마음을 책에도 노트에도 다시금 새겨놓기 위함이다. 물론 그 실천이 100% 되지 않을 때도 더러 있다. 하지만, 나의 경험에 비추어보면 100권을 읽고 단 20%만 실천했다 하더라도 그 20%가 우리 일상을 100% 바꿔 놓을 수 있다고 단언한다.

　80/20의 파레토 법칙. 20%의 일에서 80%의 성과가 나온다는 파레토 법칙도 끝까지 추려나가면 그 20%도 '중요한 하나'로 마무리된다. 나는 오늘도 그 하나를 실천하며 삶을 좀 더 역동적으로 누리는 중이다. 20%가 단 하나가 되고, 그 하나가 매일매일 쌓여서 삶의 변화를 일으키는 기쁨을 맛보면서 말이다.

실천독서

2장

관 계

행동이 관심을 일으키기 보다는,

관심이 행동을 이끌어 내는 것이다.

관심은 연관된 것과 어떻게 관계를 맺고 공감하느냐의 문제이다.

결국은,

책과의 관계가 실천의 원동력인 셈이다.

01_ 책 대하기를 사람 대하듯 한다.

성공한 사람들의 공통점을 들여다보면 확실한 사실을 깨닫게 된다. 독서다. 그들만의 독서습관을 가지고 있는 것이다. 독서를 하는 모든 사람들이 성공하는 것은 아니지만, 성공한 사람들의 대부분은 독서의 중요성을 알고 실천한다.

책이란 단순한 것 이상의 뭔가 특별한 힘을 가지고 있다. 그 특별한 힘이라는 것도 관심을 가지고 애착을 가진 사람에게만 보인다. 사람과 마찬가지로 책도 자신에게 진지하게 관심을 가져주고, 신경을 써주는 사람들에게 책이 담고 있는 가치를 넌지시 던져준다.

책은 자신을 아껴주고 관심을 가지는 사람에게 하나라도 더 주기 때문에, 사람을 사귈 때와 같은 마음으로 책과 사귀어야 한다. 독서를 하면 할 수록 느끼는 것이 있다.

책과 사귀는 것은 사람을 사귀는 것과 별반 다르지 않다.

사람을 함부로 대하면 푸대접을 받듯이, 책을 함부로 대하면 책에게서 제대로 된 피드백을 받을 수가 없다. 물론 책에 무관심한 사람은 그런 기회조차 없으리라.

일상에 지친 이에게 자기계발서는 동기부여의 에너지를 불어넣어주고, 아이디어를 얻고자 하는 어떤 이는 하나의 문장에서 의미 있는 인사이트를 발견하기도 한다.

그렇다면 책이 어떻게 우리에게 에너지를 줄까?
생각이 에너지라는 의견에 토를 달 사람은 많지 않을 것이다. 부정적인 생각은 우리를 지치게 할 때가 많다. 하지만 힘이 솟는 긍정적인 생각과 기분 좋은 생각은 살아갈 추진력을 만들어준다.

요즘은 양자물리학에서도 사람의 생각이 우리의 일상에 어떻게 영향을 미치는지를 잘 설명해 주고 있다. '생각하는 대로 이루어진다.'라는 말도 생각의 에너지가 현실의 물질적 에너지로 변환된다는 것을 말해주는 셈이다.

책은 우리에게 이러한 생각의 씨앗을 뿌려주고, 우리의 의식은 그 생각의 씨앗을 토대로 새로운 사고와 기분을 갖게 만들어 준다. 우리의 정신과 육체에 에너지를 심어주는 것이다.

예전에는 나도 책을 함부로 대했다. 냄비 받침 또는 모니터 받침으로 사용하기도 했고, 베고 자는 베개로 활용도 했으며, 심지어 베란다 창고를 위한 계단으로 활용하기도 했었다. 하지만 모든 물건에 에너지가 있다는 확신이 생기기 시작하면서 내가 늘 가까이하는 책에게 미안한 생각이 들기 시작했다. 책에서 활용한 아이디어 덕분에 회사에서 성과도 좋아 승진도 빨랐고, 건강도 좋아졌고 일상에서 동기부여도, 자기계발도 책과 함께 했기에 지금까지 잘 살아올 수 있었으니 책이 내게 주는 긍정적인 에너지만큼 나 역시 책에게 좋은 기운을 주고 싶어졌다.

시간이 지날수록 느끼는 것이지만, 책을 사람처럼 대할 때 책은 나에게 더 지혜로운 가치를 주었고, 더 의미 있는 변화를 하게

끔 만들어 주었다. 책과의 첫인사를, 스킨십을, 여유로운 휴식을
건네면서 서로를 이해하며 공감하고 있는 셈이다.

다음은 책과 좋은 인연을 만들기 위한 방법들이다.

책과의 설레는 첫인상

나는 책을 처음 접하면, 두 손으로 책을 둘러보면서 가슴으로 한번 안아준다. 그리고 '나에게 와줘서 고마워, 감사해'라고 말을 해준다. 그러면서 서로에게 좋은 첫인상을 남긴다. 사람도 책도 첫인상에 모든 것을 평가할 수 없지만, 그래도 첫인상이 좋아야, 더 깊은 관계로 나아갈 수 있다.

책과의 진한 스킨십

사람도 좋아하게 되면 스킨십을 하고 싶어 한다. 나는 책과의 스킨십이 강한 편이다. 친한 선배에게 이 이야기를 했더니 언뜻 들으면 오해를 살 만한 표현이라며 황당해한다. 하지만 책과의 진한 스킨십은 실천독서에서 매우 중요한 키워드이다. 그럼 책과는 어떻게 스킨십을 해야 할까?

나는 책을 볼 때 맘에 꽂히는 문장이나 단어, 느낌이 오는 페이지에는 밑줄도 과감하게 긋고, 생각도 여백에 많이 적는다. 책과 대화하듯이 말이다. 그야말로 끈끈한 스킨십이다. 그렇게 밑줄 긋고 읽고, 생각하고, 메모하는 과정에서 새로운 아이디어는 물론 내 인생을 크게 변화시켜 온 깨달음도 많이 얻게 되었다. 이렇게 애정을 가지고 책을 적극적으로 활용하다 보니 몇 번씩 본 책들은 손때가 많이 묻어 있다. 그런 흔적 볼 때마다 기분이 좋아지게 된다. 책도 자신을 좋아하는 스킨십이라는 것을 알고 있으니.

책의 이유 있는 휴식

난 가방을 항상 가지고 다닌다. 책 두 권 정도는 가지고 다니기 때문에 백팩을 선호하는 편이다. 백팩 안에는 책을 넣을 수 있는 이너 백을 별도로 가지고 다닌다. 책을 이너 백 안에 넣어두면 책이 편안하게 느낄 것 같아서다. 책도 사람처럼 생각을 한다면, 자신만의 특별하고 편안한 방에서 휴식을 취하기를 바랄 것이다. 내가 책을 보는 시간이 책이 나를 위해 일하는 시간이고, 내가 책을 보지 않는 시간이 책이 휴식을 취하는 시간이다. 그 휴식의 시간에 최대한 편안하게 책을 만들어 주는 것이다.

02_ 책 읽기는 신체 활동이다

책을 읽으면 자신이 어렴풋하게 생각하고 있는 것을 저자가 정확하게 꾹 짚어주고 정리해 주는 경우가 있다.

'맞아, 나도 이런 생각을 가지고 있었는데.'
'내가 생각하는 느낌과 비슷해!'

이런 느낌을 강하게 가질 수 있다. 그렇다면 이런 느낌은 어떻게 우리에게 친밀하게 와 닿을까? 이유는 자신의 생각이나 경험을 명확하게 표현해 주니까 그렇게 느끼는 것이다. 자신이 경험한 것을 구체적으로 표현한 책을 만나면 저자와 진정 어린 공감을 하게 되는 것이다.

경험이란 우리의 감정, 오감으로 느낀 부분이다. 자신의 경험을 표현을 통해 인식하고 확인하는 절차는 중요하다. 그런 절차를 통해, 성장하고 있다고 느끼기 때문이다. 우리는 이런 경험을 감각, 즉 오감을 통해서 하고, 그 경험을 신선하게 표현하면서 더욱 기억에 남게 된다.

지난 휴가 때 당신이 보낸 멋진 곳을 상상해 보길 바란다. 그곳이 해외이든 국내이든, 그곳에서 본 사람들의 피부 색, 바다의 색, 파도 소리 그리고 멋진 레스토랑에서의 저녁 식사 등. 오감을 통한 느낌과 경험이 몸에 깊이 스며든다. 신체 감각의 구석구석까지 섬세하게 느끼게 된다. 때론 그런 느낌을 친구들에게 표현함으로써 오감을 더욱 자극하고, 자극된 오감은 우리를 새로운 경험을 하도록 동기부여 하게 된다.

최근 나는 아침 산행을 즐긴다. 새벽 5시 30분에 일어나서 집 뒷산을 한 시간 가량 걷는다. (참고로 이 역시 박동창의 '맨발로 걷는 즐거움'이란 책을 읽고 실행하게 되었다.) 맨발 산행의 경험은 나에게 새로운 감각을 가지게 해 준다. 신발을 신고 산행을 했다면, 평생 한 번도 느끼지 못했을 작고 섬세한 감각들. 작은 돌이나 바위를 밟을 때, 땅 위로 돌출해 있는 소나무 뿌리의 생생하

고 미묘한 느낌의 자극은 맨발이 아니고서는 느낄 수 없는 경험
이다. 물론 건강에도 좋지만 이런 섬세한 발바닥의 세세한 곳을
꾹꾹 눌러주는 자극은 맨발 산행에 더 빠져들게 하는 멋진 경험
들이다. 이렇듯 기분 좋은 감각들은 아침마다 맨발산행을 실천
하게 하는 원동력이 된다.

   그렇다면 반대로, 우리의 감각, 오감을 통해서 하는 책 읽기는
실천을 더 잘 할 수 있도록 도와줄까? 그렇다! 독서는 머리로 하
는 정신적 활동이라 생각하지만, 몸을 활용하는 신체적 활동이
다. 단순하게는 책 읽기를 위해 책상에 앉아있는 행위 자체가 인
내를 필요로 하는 신체적 활동이기도 하다.

   책을 읽으면서 와 닿는 부분이나 자신의 것으로 받아들이고
싶은 부분이 있으면 오감, 감각을 가지고 읽으면 더욱 효과적이
다. 방법은 밑줄을 긋거나 포스트잇을 활용하여 생생하게 여백
에 메모해 주면 된다. 특히 실천하고 싶은 부분을 오감으로 느낄
수 있는 부분까지 디테일 하게 메모한다면, 그 효과는 배가된다.

   예를 들어, 전형적인 올빼미형이었던 내가 아침형 인간으로
거듭나는 데에는 김승호의 〈생각의 비밀〉을 읽으면서 얻는 깨
달음 덕분이다. 내가 실천독서의 실천거리를 얻은 대목은 다음

과 같다.

'세상은 6시를 두 번 만나는 사람이 지배한다.

하루에는 두 번의 6시가 있다. 아침 6시와 저녁 6시다.

해가 오를 때 일어나지 않는 사람들은 하루가 해 아래 지배에 들어갈 때의

장엄한 기운을 결코 배울 수 없다.'

참으로 멋진 생각이다. 김승호 라는 사람이 성공할 수 있었던 근간이 되는 그의 성실함을 닮고 싶었다. 그 대목을 읽으며 내가 변화하고자 하는 내 모습을 마치 이미 내가 그런 사람이 되어 있는 듯 상상하며 최대한 구체적으로 메모해 두었다.

필자의 메모 내용은 아래와 같다.

'새벽 5시 30분! 아침에 눈을 뜨면, 밝은 황금색 빛이 나를 감싸고 있는 것을 느끼고, 요가 동작으로 몸을 스트레칭을 한다. 일어나면서 "오늘 하루는 나의 최고의 날이 될 거야!" 라고 나 스스로에게 말해준다. 일어나면 창문 커튼을 젖히고 새로운 하루가 주어졌음에 감사한다.

간단하게 세수를 하고 아침 산행을 위해 물과 사과하나를 챙긴다. 산행을 하면서 숲이 주는 에너지를 마음껏 느끼며 건강한 몸에 감사한다. 아침 산행 후 15분의 명상과 10분의 독서를 기분 좋게 마치고 출근을 한다. 나는 새벽 6시를 두 번 만나는 아침형 인간이다.'

처음에는 새벽에 일어나는 일이 무진장 힘들었다. 거듭되는 실패에 자명종을 5개나 샀고, 머리 옆, 책상 위, 책장, 식탁, 싱크대에 두고 자명종을 하나하나 꺼가며 노력했지만 뜻대로 되지 않아 실패하는 날이 많았다. 새벽부터 5개의 자명종 소리를 함께 들어야 했던 이웃들은 결국 자명종 사용을 자제해달라는 요청을 해왔고 아침형 인간으로 가는 길은 난관에 봉착했다.

다른 방법을 찾아야 했다. 하루에도 몇 번이고 책에 메모해 둔 내용을 머릿속으로 구체적으로 그려보았다. 마치 내가 이미 아침형 인간이 된 것처럼 상상하고 생각했다. 그러자 그토록 힘들게 일어났던 아침의 느낌이 변하기 시작했다. 그렇게 상상을 반복하길 2주째 되던 어느 날 자연스럽게 새벽 5시 30분에 눈이 떠졌다.

이미 그런 사람이 된 듯 생생하게 그려보는 '오감의 힘'과 손으로 꾹꾹 눌러 적으며 마음에 새기는 '메모의 힘'은 결국 5개의 자명종보다 효과가 탁월했다.

밑줄 긋고 여백에 메모하기

몸으로, 감각으로 책 읽기를 통한 실천 방법

1. 실천하고 싶은 문구에 밑줄을 긋는다.

저자의 경험을 내 경험으로 만들기 위한 효과적인 방법이다. 적극적으로 책 속의 내용에 자신을 연결시키는 방법이다. 이렇게 밑줄을 긋는 행위를 통해 어디에 밑줄을 그어야 하는지를 판단하기 위해 더욱 적극적인 책 읽기를 하게 된다. 밑줄을 긋고 싶은 문장을 판단하는 것은 오롯이 자신의 몫이다.

2. 여백이나 포스트잇에 실천하고 싶은 구체적인 경험, 느낌, 감각까지 자세하게 메모한다.

기분 좋은 느낌으로 실천하고 싶은 경험을 이미 해낸 듯 구체적으로 적어본다. 책의 여백도 좋고, 포스트잇을 활용하는 것도 괜찮은 방법이다. 너무 큰 것을 메모하기보다 실천하기 쉽고 작은 경험을 세세하게 적는 것이 효과적이다.

3. 매일 반복해서 보면서 실천하는 자신을 기분 좋게 상상한다.

실천으로 이어지기 위해서는 매일 보고 상상하는 것이 중요하다. 여러 번 반복해서 보다 보면 이미 내가 실천하고 있는 듯 '기분 좋은' 착각을 하게 되면서 실천에 대한 부담도 줄어든다. 상상을 하는 단계에서 좋은 기분을 유지하는 것은 무척 중요하다. 실천과 경험을 통해 변화된 나 자신을 상상해보라. 기분 좋지 않은가?

03_ 독서를 풍요롭게 만드는 킬러 아이템, 책상

책상은 내 생활의 중심도구인 동시에 킬러 아이템이다.
직장생활을 하면서 일과 독서, 그리고 글쓰기를 동시에 하다 보니 책상은 나에게 가장 가까운 공간이자 소중한 공간이다. 지금도 사용하고 있는 커다란 책상은 내가 일을 하면서도 독서를 하고, 책을 출간하는데 큰 도움이 되었다.

사람들은 제각각 자신만의 스타일, 자신만의 색깔을 가지고 있다. 사람만 그럴까? 나는 책도 좋아하는 스타일의 책상이 있다고 생각한다. 책이 좋아하는 책상과 책상 활용법에 대해 알아보자.

어떤 책상이 좋을까?

책상을 살 때는 방의 구조나 공간을 효율적으로 사용할 수 있는 범위 내에서 최대한 넓은 책상을 사는 것이 좋다. 나는 집에서 넉넉한 사이즈의 책상을 사용하고 있다. 공부를 하고 책을 보고, 글을 쓰는 작업을 동시에 진행할 때가 많기 때문이다.

일할 때 쓰는 책상 역시 넓을수록 좋다. 전체를 내려다보는 감각도 생기기 때문이다. 일을 진행할 때 전체를 보라고 강조하듯이, 크기와 폭이 큰 책상은 물리적으로 넓은 시야를 가지게 하는 효과도 있다. 나는 책상의 크기가 가로, 세로가 60cm×180cm의 긴 책상을 활용하고 있다. 옆으로 보조 책상을 기역 자로 붙여서 사용한다. 보조 책상의 사이즈는 60cm×70cm 이다.

넓은 책상과 보조 책상

사람마다 선호하는 책상의 취향은 제각각이다. 하지만 무엇보다 중요한 것은 책상에 앉을 때 나의 기분이 좋은가, 책상 위에 놓인 책들의 기분도 좋을 것인지를 상상해보면 어떤 책상이 필요한지 알게 된다.

책상 위에 무엇이 있는가? 책상을 지배하는 원칙, 정리

책상을 지배하라는 말이 이상하게 들릴 지 모른다. 책상의 위는 늘 깨끗하게 정리되어 있어야 한다. 항상 지금 필요한 책만, 연관된 책만 두어야 한다. 만약 그렇지 않다면, 책상에 앉자마자 정리부터 하느라 시간을 낭비하고, 그런 일상이 반복되면 책상에 앉는다는 것이 책을 보거나 공부를 하는 행위가 아니라 정리를 해야 한다고 무의식적으로 받아들이게 된다.

작업을 위한 책상이, 정리하느라 끌려 다니면서 지배당하는 느낌이 들면 점차 책상에 앉는 횟수가 줄어들거나, 정리가 불편하게 느껴져 앉기가 싫어질 것이다. 무엇보다 책상에 뭔가를 잔뜩 늘어놓고 있으면 답답해진다. 무슨 일이 있더라도 책상 위는 항상 깨끗한 상태를 유지하도록 노력해야 한다.

독서를 위해 책상 위에 필요한 도구들

집에서 사용하는 책상에는 서랍이 없다. 넉넉한 책상에 내가 사용할 도구들이 모두 눈에 보이게 정리하기 때문이다. 책상 위에 독서에 필요한 도구들을 놓더라도, 원칙은 공간을 낭비하지 않도록 도구들을 배치하는 것이다.

문구류

꼭 필요한 것들만 정리해서 둔다. 볼펜, 연필, 만년필 그리고 포스트잇은 책상 위에 손이 닿을 수 있는 곳에 두면 된다. 지금은 사용하지 않더라도 언젠가 사용할 수 있는 문구는 적당한 양만 남기고 나머지는 나누거나 버리는 것이 좋다.

애정을 가지고 대할 수 있는 것들만 간직한다는 것이 물건을 보관하는 기준이다. 애정을 가지고 대한다는 것은 그 물건을 주기적으로 사용한다는 뜻이기도 하다. 많은 사람들이 책상 위에 필요 이상으로 많은 문구를 보관하고 있다. 언제 쓰일지 모르기 때문이다.

하지만 나의 경험으로는 문구류의 경우, 한 달 동안 사용한 적이 없다면 필요 없는 경우가 많다. 책상 위에는 내가 아끼는 문구들, 꼭 필요한 것들만으로 채워두자. 내가 아끼는 물건들만으로 채워진 책상, 생각만 해도 기분이 좋지 않은가?

시계

시간 관리를 위해서 의자에 앉았을 때 잘 보이는 위치에 시계를 배치한다.

타이머

집중하는 독서를 위해 자주 사용하는 물건이다. 짧은 시간에 독서에 집중력을 높이기 위해 사용한다.

조명

조명의 역할은 독서에 있어 중요하다. 아늑한 분위기와 함께 집중할 수 있도록 만들어 준다. 나는 긴 책상을 활용하다 보니, LED 스탠드 조명 두 개를 책상 양 옆으로 두고 활용하고 있다.

독서대

책상에 앉아 있을 때 자세가 중요하다. 허리를 세우고 바른 자세로 하는 건강한 독서를 위해서는 높이 조절이 되는 독서대가 필수다.

노트북과 모니터

사람마다 각자 필요한 사양을 사용하면 된다. 필자의 경우는 노트북에 모
니터를 연결하여 활용하고 있다. 글 쓰는 작업을 할 때, 참고할 책과 인터
넷 검색을 동시에 하다 보니 모니터를 연결하여 사용하는 것이 도움이 많
이 되기 때문이다.

자신이 가장 자주 이용하는 공간이 가장 소중한 공간이다. 독
서를 사랑하는 사람이라면, 독서를 통해 삶을 변화시키겠다는 마
음을 먹은 사람이라면 책상은 가장 소중한 공간으로 거듭나야 한
다. 독서를 해야겠다고 마음을 먹었다면, 마음에 드는 책상 하나
쯤은 마련하는 것도 좋은 방법이다.

**내가 어떻게 대하고 어떻게 관리하느냐에 따라
책이 술술 읽히는 책상도 있다는 것을 꼭 알아두자.**

04_ 가방정리, 이너 백

책을 읽는다는 것은 시각뿐만 아니라 촉각, 청각, 후각, 미각을 동시에 활용하는 활동이다. 감각들을 제대로 느끼기 위해 다양한 도구들이 필요하다. 항상 책을 가지고 다니기에 책을 위한 액세서리나 문구류를 많이 활용하는 편이다.

'책이 좋아하는 액세서리는 뭐가 있을까?'

책을 좋아하다 보니, 책이 좋아하는 액세서리도 애정을 가지고 잘 챙겨주는 편이다. 사실, 책이 나에게 주는 것이 훨씬 더 많다. 나를 감동으로 꾹꾹 눌러주고, 사랑의 감정에 빠지게 만들고, 열정의 용광로를 경험하게 한다.

　다음은 책이 좋아하는 액세서리들이고, 독서할 때 활용하면 기분 좋아지는 소품들이다.

책들의 휴식처, 이너 백 활용

　가방 속에 또 하나의 이너 백. 이너 백에는 책 1~2권 정도는 들어가는 사이즈로 볼펜, 만년필과 같은 필기구, 포스트잇, 그리고 스카치 투명 양면테이프는 꼭 가지고 다닌다. 포스트잇은 책을 보면서 아이디어나 메모를 위해서이고, 양면테이프는 잡지나 사진 등 필요한 것을 메모노트에 언제든지 붙이기 위해 가지고 다닌다.

　A5 사이즈의 메모노트도 넣어 다니는데, 만년필로 필기할 때 비침이 적은 복면사과의 까르네 제품을 이용하고 있다. 책은 두 권 정도는 넣어 다니는데, 이너 백에 들어있는 책을 볼 때마다 기분 좋아진다.

생각을 시각화하기 위한 필기구

필기구는 생각을 시각화하는 이상의 의미, 즉 오감을 자극해 준다. 만년필과 5색 볼펜을 주로 사용한다. 만년필은 몽블랑 마이스터스튁, 라미 만년필이 있다. 두께는 모두 F (Fine)이다. 책을 보면서 메모를 할 때, 사각사각 하는 소리가 눈과 귀를 동시에 집중하게 만들어 준다. 쓸 때의 그립감과 만년필만의 사각거리는 소리는 중독성이 있다.

몽블랑은 보면 볼수록 여성스런 매력이 느껴지는 만년필. 균형이 잘 잡힌 팔등신에 금장의 테두리가 포인트이다. 한자 한자 쓸 때의 잉크의 뿌려짐이 매끄러운 것이 장점이다. 반면 라미는 근육질의 남성적인 매력이 있다. 그립감이 단단하여 힘 있는 필체가 느껴지는 만년필이다.

나는 파란색 잉크를 주로 사용하는데, 책을 보면서 여백에 메모를 많이 하는 편이라 검정색보다 파란색이 좋다. 볼펜은 4+1 (4색 볼펜 + 샤프)로 구성된 스타일 핏 제품을 사용한다. 지하철이나 이동 시에 원 터치로 쉽게 사용할 수 있고 4개의 컬러가 있어 효율적이다.

언제 어디서나 기록할 수 있는 Mobile Office 용품

커피숍, 세미나 장소 등에서도 휴대폰을 통해서 간단한 Wording을 할 수 있는 미니 블루투스 키보드, 갤럭시 노트 휴대폰, 보조 배터리는 휴대하고 다닌다. 블루투스 키보드는 마이크로소프트사 제품, 보조 배터리는 삼성의 보조 배터리를 사용하고 있다. 책을 보면서 아이디어나 메모, 세미나 내용을 요약할 때, 밖에서 집필을 할 때는 꼭 필요한 아이템들이다. 첫 책을 출간할 시에도 많이 도움이 되었던 제품들이다.

오디오 북을 위한 이어폰도 필수

책을 3권을 가지고 다닌다고 하는 편이 맞다. 1~2권의 책과 오디오 북을 다운받아 가지고 다니기 때문이다. 요즘은 오디오북도 좋은 책들이 많이 있다. 책을 들고 읽기 힘든 상황에서는 걸어다니면서 들을 수도 있다. 퇴근 시에는 주로 이어폰으로 강연을 듣거나, 오디오 북을 듣는다. 이어폰은 삼성 기어 핏(Gear Fit)과 마블 캐릭터 이어폰을 사용하고 있다.

아이디어 노트와 장지갑

삶의 비전과 드림 리스트가 같이 파일링이 되어있는 아이디어 노트는 독서의 목적을 명확하게 해준다. 책과 내가 꿈꾸는 삶은 따로 있지 않다. 내가 이루고 싶은 일들을 하나하나 만들어 가게 해 주는 것의 첫 걸음이 독서다. 아이디어 노트는 주로 사무실이나 집에 두고 있다가 필요할 때에만 가지고 나간다.

지갑은 장지갑을 사용하고 있다. 공방을 하는 지인에게 부탁해서 한정판으로 만든 제품이다. 우리나라에서는 하나밖에 없는

제품이라 더욱 의미 있다. 이너 백이 책에게 휴식을 취할 수 있는
소품이라면, 장기갑은 돈이 몸을 펴고 편하게 쉴 수 있는 공간이
다. 책도 돈도 사람과 같이 편하게 대해주는 것을 원할 것이다.

05_ 독서 도구함의 활용

　독서를 할 때 책이라는 도구 하나만 가지고 하는가, 아니면 도구함을 같이 이용하는가? 독서를 위한 도구함은 생각보다 종류가 무척 많다. 여러분들이 선호하는 방법도 제각각 있을 것이다. 이번에는 독서를 위한 도구함에 대한 정보와 감을 가질 수 있기를 바란다.

　'망치를 쥔 사람은 모든 것을 못으로 본다.'라는 말이 있다. 한 가지 이론을 여러 곳에 적용시킬 때의 위험성도 표현하는 말이기도 하고, 도구함에 망치 하나만 있으면 활용의 유연성도 그만큼 떨어진다고 단순하게 표현할 수 있다.

　책을 읽는데 실천이 힘든 이유 중의 하나가 책이라는 하나만 가지고 접근하면 쉽게 지친다는 것이다. 실천은 읽고 난 다음의 행위이기 때문에, 읽는 과정이 실천의 행위와 연결되어야만 실천을 위한 영향력이 강해진다. 그렇다고 억지로 애를 써서 책을 다른 도구와 연결하는 것보다 현재 자신의 일상에서 활용하는 도구들을 자연스럽게 책 읽기를 위한 도구함으로 끌어오면 효과적이다.

나의 경우, 책 읽기 도구함에는 블로그, 에버노트, 크로노덱스, 5색 볼펜, 만년필, 포스트 잇, 카메라, 책장, 블루투스 키보드, 이어폰 등이 있다. 그러면 이런 도구들이 일상의 책 읽기와 실천에 어떤 역할을 하는지 알아보자.

우선 아침에 나만의 책장에서 원하는 책을 뽑아서 틈새시간을 활용해 읽는 편이다. 주로 출근길 지하철에서 읽는 경우가 많다. 그런 시간확보는 크로노덱스를 활용해 틈새시간을 활용하는 편이다.

5색 볼펜과 만년필은 책에다 직접 메모하기 위한 필수품이다. 색깔별로 나에게 의미가 있기도 하고 흥미까지 더할 수 있다. 휴대폰에 깔아놓은 에버노트 앱을 활용해 책을 읽으면서, 번쩍 떠오른 아이디어나 키워드는 별도로 메모해 둔다. 읽고 있는 책과 관련된 것을 발견하면 사진으로도 찍어둔다. 에버노트는 카테고리 별로 메모하기 좋은 툴이면서, 휴대폰과 노트북에서 실시간 연동이 되기 때문에 효과적이다.

포스트잇은 책을 읽으면서, 중요한 키워드를 봤을 때 메모해서 책을 접어도 보일 수 있도록 해당 페이지 위쪽으로 붙여둔다. 그렇게 붙여둔 포스트잇은 책꽂이에 꽂혀 있는 책을 볼 때, 키워드가 눈에 쉽게 들어와서 책장 옆에만 있어도 무의식적으로 아이디어를 얻을 수 있다.

위쪽으로 포스트잇 적기

에버노트에 기록한 아이디어나 키워드는 블로그에 기록을 한다. 이 책을 쓰기 위해 틈틈이 블로그에 글을 올린 것도 도움이 많이 되었다. 카페나 밖에서 휴대폰으로 블로그나 에버노트에 글을 쓸 때는 미니 블루투스 키보드를 활용한다.

휴대폰 + 블루투스 키보드 활용

출퇴근 시간을 비롯해 이동 시간에는 오디오북을 듣거나 책의 주제와 연관된 TED 또는 유튜브의 영상을 듣는다. 이어폰은 사용할 때 마다 기분 좋아지는 마블의 캐릭터 이어폰을 자주 사용한다. 보고 듣는 것만으로도 실천을 위한 동기부여에 많은 도움이 된다.

**독서와 일상이 연결되는 도구를 많이 가지고 있을수록
실천의 힘을 키울 수 있다.**

독서를 즐기기 위한 첫 번째 준비단계로 당신만의 도구함을 준비하고 활용해 보기 바란다. 독서가 내 삶에 밀도 있게 녹아 들 때, 실천의 힘도 그만큼 강해진다. 독서는 생각의 도구이자 재료이다. 당신만의 독서 도구함이 생각의 힘에 활력을 불어넣어 줄 것이다.

06_ 시간을 눈으로 관리하라. 크로노덱스 활용법

　시간이 없다고 생각하는 사람들에게 좋은 도구가 될 만한 것을 소개한다. 시간은 사람들이 만들어낸 개념이다. 만들어진 개념이다 보니, 그 의미가 상황에 따라 상대적으로 변하기도 한다. 게임을 하거나, 오랜만에 만난 친구들과 시간을 보내다 보면 '벌써 이렇게 시간이 지났구나.' 하고 느낀다. 하지만, 지루한 미팅이나 싫어하는 일을 하고 있으면, 시간은 정말 더디게 간다.

　이렇게 보이지 않는 시간이다 보니, 바쁜 일상에서는 심리적으로 쫓기고 주위 상황에 휘둘리다 보면 정말 주어진 시간이 하나도 없는 것처럼 보인다. 이럴 때 크로노덱스를 활용하면 시간을 효과적이고 효율적으로 사용할 수 있다. 나는 하루를 시작할 때 크로노덱스를 활용한다.

크로노덱스란 시각적으로 시간 관리를 할 수 있는 생활계획표 같은 것이다. 하루 24시간을 어떻게 활용할 것인지 눈으로 쉽게 확인하고 계획할 수 있다는 게 장점이다. 아마 초등학교 때 생활 계획표를 만들어 보았을 것이다. 생활계획표와 같은 구조로 하루 의 시간 관리를 시각적으로 할 수 있는 도구인 셈이다.

인터넷에서 크로노덱스 계획표를 구할 수도 있고, 크로노덱스 스탬프를 구매해서 활용할 수 있다. 나는 크로노덱스 스탬프를 활용하고 있다.

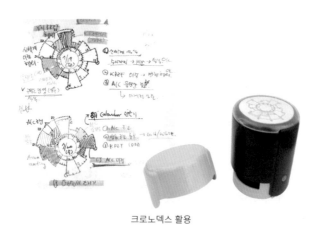

크로노덱스 활용

5분이라도 읽을 마음이 있다면, 확실하게 크로노덱스에 적어 넣으면 된다. 책 읽을 마음이 조금이라도 있다면, 빈 공간의 시간이 보이게 된다. 어떨 때에는 '이렇게 빈 시간이 많구나!' 하고 느낄 때도 있을 것이다. 하다 보면 재미있기도 하다. 자신이 좋아하는 컬러로 책 읽기 시간을 그려 넣어도 좋다. 기분이 좋아지는 만큼 책 읽기도 즐길 수 있기 때문이다.

신기하게도 그토록 바빠 보이던 일정 속에서도
시간의 빈 공간이 보이기 시작한다.

바로 그 빈 공간이 책을 볼 수 있는 시간이 되는 셈이다. 나는 이런 방법으로 회사 업무를 하면서 틈나는 대로 독서를 하고 있다. 마냥 바쁘다는 시간도 눈에 보이게 그려놓고 보면 빈틈이 있기 마련이다.

시간도 이렇게 의도적으로 바라보는 자세가 필요하다. 시간이라는 개념은 존재는 하지만 잘 드러나지 않기 때문이다. 시간을 의도적으로 바라보는 방법 중 하나가 크로로덱스를 이용하는 것이다. 사람도 시간도 관심을 가지고 바라봐 줘야 우리에게 그만큼 되돌려 준다.

'시간 나면 책을 읽어야 하는데'라고 머릿속으로는 알고 있어도, 사람은 의지가 약한 동물이라 결국 행동으로 옮기지 못하는 경우가 많이 있다. 하지만 이렇게 시간의 빈 공간에 당신이 좋아하는 컬러로 채워진 시간은 또 다른 즐거움을 줄 것이다. 일단 그려놓고 의식하라!

크로노덱스 활용법

1. 아침 업무 전에 크로노덱스 스탬프를
   다이어리나 메모지에 찍는다.
2. 하루 24시간의 충분한 시간이 주어졌다는 것을 눈으로 확인한다.
3. 하루 주요 일정을 달팽이 모양처럼 생긴 크로노덱스에 적어 넣는다. 적을 때 컬러 펜을 사용하면서, 중요도나 카테고리 별로 컬러를 달리 사용하면 효과적이다. 컬러를 활용하는 방법은 '5색 볼펜 활용법(p.70)'에 자세히 소개되어있다.
4. 스케줄을 다 적어 넣어도 비어있는 공간이 보인다.
   그 빈 공간 중에 책 읽기를 위한 시간을 미리 적어둔다.

07_ 5색 볼펜 활용법. 상황에 색을 입히자!

　독서를 하면서 효과적인 방법을 소개하고자 한다. 독서를 할 때 흥미와 실천을 자극하기에 좋은 방법이다. 우선, 색에 대해 간단히 알아보자. 색은 사람들에게 정신적인 반응을 일으킨다. 색은 물체에서 반사되는 빛이 인식되는 스펙트럼의 파장이다.

　스펙트럼에서 제일 긴 파장은 빨강, 가장 짧은 파장은 보라색이다. 스펙트럼의 빨강, 주황, 노랑의 3색은 사람을 흥분시키고 자극하는 색이다. 이렇게 상대적으로 파장이 긴 색은 심장과 신경계의 움직임을 활발하게 하는 작용을 하는 셈이다.

　파란색에서 보라색으로 갈수록 파장은 짧아져 효과도 빨간색과 반대가 된다. 파란색, 남색, 보라색은 심장 박동 수와 맥박을

낮추는 효과가 있으며, 안정적인 느낌을 받을 수 있다.

빨간색은 따뜻한 색이기도 하면서 강렬한 감정을 연상시키는 색이다. 사랑과 열정을 연상시키는 것처럼 말이다. 자극적이기도 하고 열정을 불러일으키는 색이기도 하다.

노란색은 원색 중에서 빛을 가장 많이 반사하는 색이다. 긴장하게 만들기도 하고 집중하게 만들기도 해서 눈에 가장 잘 띄는 색이기도 하다. 노란색은 이미지도 밝고 낙천적이고 활기찬 느낌의 색이다. 자연에서는 태양, 레몬, 빛과 같이 노란색의 느낌들은 상쾌하고 활기가 넘친다.

파란색은 상쾌하고 차분하며 온화한 색으로 많은 사람들이 좋아한다. 불변성, 신뢰감을 주는 이미지가 있다. 네이비 블루 같은 색의 정장을 입으면 프로페셔널 하면서 신뢰감을 주는 인상을 주는 것도 이와 같은 이유에서다.

초록색은 건강하고 낙관적이며 풍요로운 느낌을 준다. 친환경 이미지도 있고, 인내력과 신뢰성의 이미지를 가진 색이다.

검은색은 우아하고 세련된 느낌이다. 검은색의 옷이 보편화 된 것처럼 기본 색의 인상이 강하다. 강인함과 안정감을 동시에 가지고 있는 것이다.

왜 색에 대해 이야기를 할까? 나는 빨간색, 노란색(금색), 파란색, 초록색 그리고 검은색 펜을 일상에서 많이 활용한다. 단순히 메모를 하는 것도 의미가 있지만, 책을 보거나 일상의 스케줄을 계획할 때 자신만의 색으로 하면 머릿속에 자연스럽게 새겨져 실천의 힘을 키워주기 때문이다.

그렇다면, 빨간색, 노란색, 파란색, 초록색, 검은색 펜들이 담당하는 역할을 보자.

빨간색

주의를 끌고, 강조할 것이 있으면 빨강을 사용한다. 목표를 자극하고 싶거나 지루해져서 의욕을 일으키고 싶을 때 사용하는 색이다.

- 독서할 때 읽는 페이지의 키워드를 강조할 때
- 빠른 추진력을 필요로 하는 문구를 만났을 때
- 일상에서 매일 자극해야 할 목표가 있을 때

노란색

노란색(금색)은 창의적인 아이디어와 시선을 집중시키고 싶은 곳에 활용한다. 새롭게 시작하는 일이나 책을 보면서 신선한 문장을 접했을 때 활용한다.
- 독서할 때 창의적 아이디어가 떠올랐을 때
- 일상에서 새롭게 시작하는 일, 창의적인 일
- 자기계발에서 주로 활용

파란색

파란색은 편안해지고 싶고, 신뢰를 나타내는 보수적인 느낌이라 성실하게 믿음을 보여줘야 하는 일에 사용한다.
- 독서할 때 편안한 느낌에 좋은 문장을 발견했을 때
  독서할 때는 만년필도 많이 활용하는데,
  만년필 잉크로 파란색을 사용하고 있다.
- 꿈이나 목표가 이루어질 것이라는 믿음을 확고히 하기 위해
  반복해서 적을 때 활용한다.

초록색

초록색은 인내력과 근면함을 필요로 하는 것에 활용한다. 꾸준히 실천해야 할 일이 있거나 실패한 일을 다시 시도 할 때면 초록색으로 인내와 활력을 주는 메모를 같이 하면 좋다.

- 독서에서 몇 번 읽은 책이거나,

- 꾸준히 노력해야 하는 문장을 발견했을 때

- 일상에서는 1달 정도의 중·장기적 실천을 표현할 때

- 실패한 일을 다시 시도할 때

검은색

검은색은 강한 힘을 나타내는 색이다. 한 번 더 강조하고 싶을 때 같이 사용하고 있다.

- 빨간색, 노란색, 파란색, 초록색을 사용한 부분을 다시 강조할 때

필자가 사용하는 5색 볼펜

이렇게 컬러를 사용한 독서는, 책을 읽는다는 것 자체에 재미를 더할 수 있다. 일상에서도 크로노덱스를 활용한 스케줄을 작성할 때도 '5색 볼펜'으로 주로 활용한다.

모든 상황은 사실 무색이지만, 사람들은 각자의 생각으로 그 상황에 색을 입힐 수 있다. 꼭 위에서 정의한 색을 사용할 필요는 없다. 자신만의 독특한 색이나 좋아하는 색을 활용하면 더욱 효과적이다.

___

자신이 하고 싶고 바라는 일들에 인내가 필요한지,
밝은 아이디어가 필요한지, 빠른 추진력이 필요한지를
색으로 자극하는 것이다.

___

계절이 바뀌면 옷의 색에 변화를 주듯이, 책을 볼 때마다 색으로 변화를 주는 것. 이렇게 책에도 색을 입히는 것은 사계절 긴 호흡으로 독서를 즐기고 실천하기 위해선 효과적인 방법이 될 수 있다. 5색 볼펜의 즐거움과 힘을 느껴보기 바란다.

08_ 연필꽂이와 펜

책상 위에는 대부분 연필꽂이가 있다. 서랍이 없는 책상을 사용하기 때문에 펜은 항상 한 번에 잡을 수 있는 위치에 있다. 예전에는 연필꽂이에 펜을 빽빽하게 꽂아 두었지만 지금은 딱 필요한 펜밖에 없다.

내 책상 위의 연필꽂이에는 만년필, 볼펜, 연필, 형광펜, 가위와 자가 전부다. 만년필은 쓸 때 사각사각 하는 느낌이 좋고, 아이디어를 스케치하거나 책에 메모를 할 때 즐겨 사용한다. 좋아하는 만년필은 몽블랑이다. 비싸다고 모셔두는 것보다 자주 활용하면서 만년필과 교감하는 것이 훨씬 더 기분 좋다. 기분이 좋으면 멋진 아이디어도 더 자주 생각나게 된다. 만년필의 촉이 종이와 만나면서 부드럽게 내려가면서 술술 써지는 느낌이 마음에 든다. 오색볼펜과 형광 펜은 책을 읽으면서 마음에 와 닿는 말이나 실천하고 싶은 문구와 같이 중요하다고 생각되는 부분에 쭉쭉 그을 때 사용한다.

연필꽂이는 펜들의 집인 셈이다. 너무 빽빽하게 꽂아두면 답답하게 보인다. 펜도 감각이 있다면 여유 있는 공간에 우아하게 있고 싶어 할 것이다. 이렇게 여유 있는 연필꽂이는 책상 위의 인테리어가 된다. 연필이나 다른 문구용품이 여분이 있을 경우에는 별도의 수납함에 보관을 한다. 뚜껑이 없이 오픈 된 형태의 작은 박스에 보관을 하면 문구용품의 수량과 종류를 한 눈에 볼 수 있다. 보관만 하면서 사용하지 않은 문구용품은 나누어 주거나 버리는 것이 좋다.

연필꽂이와 문구용품

09_ 자가와 전세

최근 서울 일부 지역은 전세 값이 고공행진을 하고 있다. 집이 없는 서민들의 부담도 그만큼 커지고 있는 것이다. 내 집 마련을 위해서 전세가 율이 높은 지역의 아파트를 사거나 집값이 상대적으로 싼 지역으로 고민을 하는 사람들도 있다.

내 집이 있는가, 없는가의 차이가 만들어낸 삶의 모습이다. 꼭 집이 있어야만 하는 것은 아니지만, 자가가 없는 경우 짧으면 2년 정도마다 이사를 다녀야 하는 경우가 많다. 사라지지 않는 전세난이다.

사람만 그럴까?

독자의 입장에서 본다면 보관해야 하는 책과 그냥 읽고 지나가야 하는 책이 있다. 그렇듯 책의 입장에서 보면 자가가 있고, 전셋집이 있는 셈이다. 자가에 사는 책은 평생 한 사람의 사랑을 받으면서 그 사람의 삶의 소소한 부분까지 영향을 미친다.

책을 읽다 보면 마음의 깊은 곳을 꾸욱 누르면서 와 닿는 책이 있다. 삶의 활력소가 되면서, 삶의 가이드라인으로 삼을 만한 책들인 셈이다. 책에 대한 남다른 감정도 생기고, 설렘도 가지게 된다. 그렇기에 평생 곁에 두고 읽고 싶은 책들이다. 이런 책들은 별도로 모아서 보관하면 된다. 책의 입장에서 보면 자가인 셈이다.

반대로 그냥 읽고 지나가는 책도 있다. 도움은 많이 되지만, 소장할 정도의 의미를 부여하지 않는 책인 것이다. 베스트셀러라고 해서 모든 사람들이 좋아하는 것이 아니듯, 좋은 책이라고 남들이 판단하더라도 나에게는 와 닿지 않는 책일 수도 있다. 도움은 되었지만 단기간에 읽고 떠나 보내는 책들로, 책의 입장에서는 잠깐 머물다 가는 전셋집인 셈이다.

하지만, 자신에게는 그냥 읽고 지나가는 책이라도, 다른 사람에게 삶의 보물과 같은 소장 가치가 있는 책일 수도 있다. 절대적인 기준은 없다. 책을 대하는 여러분의 마음에 달린 것이다.

책을 가까이하면서 처음에는 책을 모으기 시작했다. 책장에 책이 가득한 것만 봐도 뿌듯한 느낌이 들기도 했다. 하지만 시간이 지나면서 책의 입장이라면 어떨까라는 생각이 들었다. 읽지도 않고 보관해 둔다고 도움이 되는 것은 아니다.

책도 관심과 사랑을 받기를 원한다. 관심이나 손길을 전혀 주지도 않으면서 굳이 보관할 필요는 없다. 오히려 그 책을 사랑할 다른 사람을 위해 기증을 하는 편이 훨씬 좋다. 무엇보다 1년이 지나도록 손길이 가지 않은 책은 기운까지 정체되기 때문이다.

생각해 보자. 내가 좋아하는 사람이 관심이 가져주지 않고 눈길도 주지 않는다면 기운 빠지는 일이다. 책도 사람과 마찬가지다. 1년이 지나도록 다시 찾지 않을 책 같으면, 보관하지 않는 것이 좋다. 오히려 그 책이 필요로 하는 사람에게 가게 하는 것이 책을 선순환 시키고, 책의 자가를 찾아주는 가장 좋은 방법이다.

그렇게 하다 보면, 실제 보관하는 책은 그렇게 많지 않을 수 있다. 하지만 이렇게 평생 보관할 수 있는 책들은 우리 삶의 본질에 영향을 미친다.

평생에 걸쳐 당신이 힘들어할 때 용기를 주고, 지혜를 줄 수 있는 책들이거나 보기만 해도 기분 좋아지고 동기 부여가 되는 책들이다.

서로 에너지를 주고받아야 좋은 기운도 만들어진다. 책과 여러분의 관계도 마찬가지이다. 이제 여러분의 주위를 둘러보기 바란다. 당신 주위의 책이 보관할 책인지, 읽고 지나가야 할 책인지.

다음 페이지에서는 책을 어떻게 보관하는지, 책장 관리법에 대해 이야기하고자 한다.

10_ 책장 관리를 잘 하는 방법

　의지력만 가지고 독서를 지속한다는 것은 힘든 일이다. 새해에 항상 독서를 열심히 해야겠다고 다짐하지만 작심삼일로 끝나는 경우가 비일비재하다. 책을 읽겠다는 마음가짐만으로는 한계가 있는 셈이다.

　그래서 필요한 것이 매일 눈에 보이는 책장을 활용하는 기술이다. 지금까지 독서 계획을 세워 놓고도 실패한 사람이라면 먼저 자신만의 '작은 책장 기술'을 활용해 보길 바란다. 나는 책장의 기술로 독서를 보다 쉽게 몸에 익힐 수 있었다. 그래서 이 기술을 강력히 추천하는 것이다.

　책을 읽는 것과 책을 보관하는 것은 다르다. 읽은 책을 보관하는 것이 책장의 기능이 아니다. 대부분의 사람들은 책장을 읽은 책들을 보관하는 용도로 활용하고 있다.

책장은 현재 읽고 있는 책과 앞으로 필요한 책들을 효과적으로 활용하기 위한 공간이다.

책장에 꽂혀 있는 책들은 현재 당신의 모습을 투영하고 있으며, 미래의 되고 싶은 당신의 모습을 담아둔 곳이기도 하다. 그런 곳에 과거 오래된, 읽지도 않는 책을 보관한다는 것은 당신의 모습도 과거의 생각에서 벗어나지 못하고 있으며, 미래의 되고자 하는 꿈도 과거에서 정체되어 있는 것을 보여준다.

책장을 효과적으로 관리하는 기술을 소개하고자 한다.

책장을 편집숍처럼 구성하라

요즘 이태원, 강남역, 홍대 근처를 지나다 보면 편집숍들이 많이 보인다. 다양한 상품을 한자리에 진열해 두어 사람들을 유혹한다. 그렇게 다양한 상품을 판매한다고 해서 규칙이 없는 것은 아니다. 자세히 보면 셔츠만 있는 공간, 액세서리로 꾸며진 공간, 가죽으로 된 백만 진열된 공간 그리고 스니커즈 등 슈즈를 용도별로 제안하는 공간으로 구분되어 있다.

그렇게 다양한 상품을 사람들이 관심 있는 상품을 주위 상품들과 어울리게 하면서도, 쉽게 찾을 수 있고 매력적으로 보일 있도록 하는 것이 훌륭한 디스플레이다.

책장도 마찬가지다. 관심 있는 분야의 책은 테마별로 별도의 공간에 넣어서 보관하면 된다. 자기계발, 건강, 비즈니스 등과 같이 관심분야의 테마로 나눌 수도 있고, 현재, 1~2년 혹은 5년과 같이 시간단위의 테마로 나눌 수도 있다.

나의 경우에는 시간단위로 테마를 나누어 분류하고 있다. 1년 이상 꾸준히 읽고 실천해야 하는 책, 그리고 현재~1년 내에 읽고 배우고 실천해야 할 책으로 구분해서 보관한다.

장르별로 책을 나누지 않고 10일-10개월-10년과 같이 그 책을 보관해야 하는 기간을 통해서 책의 가치에 치중해 구분을 하더라도 책장에 진열하다 보면 책들의 내적 연결성을 감안하여 수납을 하게 된다.

　예를 들어, 김상운의 〈왓칭2〉과 사이토 히토리의 〈상위 1% 부자의 통찰력〉은 책장에 나란히 꽂혀 있다. 두 책 모두 완전히 다른 개성과 매력을 가지고 있지만, 공통점이 많은 책이다. 두 작가는 공간적으로 떨어져 있지만, 스토리를 풀어가는 과정이 나의 관심 주제인 공간과 통찰력이라는 면에서는 너무나 끈끈하게 연결되어 있다. 책과 책이 서로 연결되어 있는 것이다.
　이러한 연결성을 인식하고 독서하는 습관은 창의력을 키우기에도 도움이 된다. 사고의 폭을 넓혀주고 책을 보면서 서로 연관된 키워드를 찾아가는 재미도 쏠쏠하다.

이런 식으로 책장을 관리해보면 책장을 바라만 보고 있어도 '아, 이거구나!'하는 영감을 얻을 수 있다. 이런 영감은 의식적으로 찾으려고 해도 쉽게 나오지 않는다. 무의식적인 영감을 얻기 위해서 의식적인 책장 진열을 하는 셈이다.

마치 다양한 상품들이 가진 특징은 도드라지면서도 매장 안에서 묘하게 어우러지는 편집숍의 상품들처럼 나의 책장 역시 자세히 들여다보면 확연히 보이는 연결고리를 지닌 채 훌륭한 디스플레이를 자랑하고 있다.

6칸짜리 책장만으로 충분하다

일 년에 수십 권이 넘는 책을 읽고 있지만 책장은 아담한 편이다. 나는 전체 6칸으로 나누어진 3단 책장을 사용하고 있다. 책장 한 칸의 사이즈가 가로, 세로 각각 35cm 정도로, 책은 14권 정도 들어간다. 빈틈이 없으면 17권정도 들어갈 수 있는 공간이지만 책 2~3권의 여유는 두고 꽂아둔다. 책도 숨 쉴 공간과 여유는 있어야 하니까.

이렇게 해서 대략 80권 정도의 책을 활용하고 있는 것이다. 거듭 강조하지만 책장은 책을 보관하기 위한 공간이 아니라, 활용하기 위한 공간이다. 이것을 깨우치기 전엔 나도 책을 많이 '보관'하느라 책장이 많이 필요했다. 1,000권 이상을 보관한 적도 있었다. 하지만 그저 정체된 채로 보관만 하는 것은 공간이나 기운의 흐름에도 좋지 않다는 것과 책장의 통제와 책의 활용이 밀접하게 연관이 있다는 사실을 깨달은 후로는 3단 책장 하나를 제대로 활용하고 있다.

하지만, 이렇게 엄선된 80권의 책도, 몇 번을 읽으면서 만족했다 싶으면 기증을 하거나 처분하고 새로운 책으로 채워 넣는다.

책장의 책들이 한눈에 들어오기 때문에, 관리도 수월할 뿐만 아
니라 책장의 변화를 통해서 동기부여도 많이 받게 된다.

　6칸짜리 책장은 규모가 큰 편집숍이라기 보다는 이태원이나 홍
대 근처 골목 상권에서 만날 수 있는 자신만의 스타일을 멋스럽
게 담고 있는 아담하고 작은 편집숍의 느낌이다. 작지만 효율적
이고 효과적인 방법이다.

6칸짜리 책장

보관해야 할 책, 읽고 지나가는 책

책을 읽었다고 해서 모두 보관해야 하는 책은 아니다. 당신만의 '평생 가져가야 할 책'의 자리를 마련하는 것도 좋은 방법이다. 테마 별로 나눈 다음에는 보관해야 하는 책과 읽고 지나가는 책을 각각 분류한다. 내가 보관할 책과 떠나 보낼 책을 구분하는 기준은 아래와 같다.

'10년 동안 이 책을 읽고 활용할 수 있을까?'

이 질문을 던지고 고개를 끄덕일 수 있다면, 보관하며 활용하는 책으로 관리를 하면 된다. 보기만 해도 알 수 있다. 책장에 보관만 해 두고 읽지도 않을 책인지, 보관하면서 수시로 읽고 관심을 가질 책인지 말이다. 활용해야 할 책이 아니라면 읽고 지나가는 책장의 공간에 별도로 꽂아둔다. 책장의 한 칸 정도는 처분해야 할 책이나, 기증할 책을 위한 공간으로 활용하는 것도 좋다.

책장의 변화는 무죄 : 책을 한 권 사면, 기존의 책 한 권을 버려라

별거 아닌 것 같지만 중요한 원칙이다. 당신의 옷장에 옷을 보기 바란다. 항상 옷장에는 옷이 가득하지만 해가 지나면 다시 사야겠다는 유혹을 받게 된다. 그렇다고 지난 시즌의 옷을 버리지도 않는다. 그렇게 하다 보니 옷은 가득한데, 입을 옷은 없다고 불평만 하는 꼴이 된다. 새 옷을 사려면, 기존의 옷을 버리거나 기증하면 된다. 가지고 있는 옷을 꼭 보관할 정도라면 그냥 그 옷을 입으면 되니까 살 필요도 없어진다.

책을 사는데도 똑같은 방식이다. 그래야 책이 필요이상으로 쌓여가지 않고 정체되지 않는다. 다시 볼 책이 아니라면 버리거나, 중고로 팔거나 기증하는 것이 낫다. 새로움을 담기 위해서는 비워야 한다는 단순한 원리를 책장 관리에도 적용해보자.

6칸짜리 책장이라 책을 많이 보관할 수도 없다. 거듭 강조하지만 책을 많이 보관하거나 책을 많이 읽기 위한 책장이 아니다. 읽고 하나라도 실천하기 위한 책장임을 생각하자. 아담하고 작은 책장일 수 있지만, 그만큼 정적이지 않고 시시각각 변화를 줄 수 있는 동적인 책장이다. 책장의 분위기가 바뀔 때마다 여러분의 삶에도 긍정적인 에너지가 만들어진다.

책장에 당신의 현재, 미래의 모습을 담아라

책장을 보면 그 사람을 알 수 있다. 무엇에 관심이 있는지 어떤 삶을 살고 싶어 하는지. 책장에 있는 책이 당신이 되고자 하고, 닮아가고자 하는 삶의 방식이다.

당신의 책장을 한 번 쳐다보기 바란다. 누구에게나 필요 없는 책들이 있기 마련이다. 마음 먹고 산 책이지만 버리지 못하는 책, 언젠가 읽을 거란 기대감을 가지고 1년 내내 같은 자리에 꽂혀 있는 책, 선물 받은 책이라 보관하고 있는 책. 당신은 이렇게 습관적으로 책을 보관하고 있는 것이다.

책장은 당신의 현재와 미래의 당신의 모습을 보여준다. 그렇게 책을 습관적으로 정체된 상태로 보관하면 당신의 삶도 과거의 모습 그대로, 과거의 생각에 갇혀 생활하게 된다. 세상은 끊임없이 변하고, 우리의 삶은 성장을 추구해야 한다. 당신 삶에서 변화를 주고 새로움을 찾고 싶다면 책장의 책들을 먼저 변화시켜 보자.

세상은 변한다. 그 변화 속에서 성장은 이루어진다. 읽는 책이 변하면 삶도 변하게 된다. 삶을 변하게 하려면 읽는 책을 바꾸면 되는 셈이다.

11_ 나의 책장 편집 기술 : 10-10-10

우리의 삶은 우리가 경험한 것의 합이다. 무엇을 경험하는가는 무엇에 관심을 가지고 있는가에 많은 영향을 받는다. 여행에 관심이 많다면 다른 것에 시간을 투자하는 것보다 여행에 투자하는 시간이 많을 것이고, 그림에 관심이 많다면 그만큼 전시회를 찾아 다니는데 시간을 많이 투자하면서 경험을 살 것이다.

자기만의 책장을 만드는 것도 마찬가지다. 관심을 가지고 시선이 가는 곳에서 삶도 같이 성장하게 된다. 그래서 책장은 중요하다. 어떤 책을 읽는가도 중요하지만, 시선이 가는 책장을 어떻게 구성하는 가도 삶에 커다란 영향을 미친다.

여러분의 의도가 들어간 책장은 지속적인 책 읽기와 실천을 가능하게 해 주기 때문이다. 책장에 꽂힌 책에 시선을 주는 것만으로도, 무의식의 영역에 관련 정보를 스캔하는 효과가 있다. 읽은 책의 내용을 모두 기억할 수는 없다. 하지만 책 제목이나 표지만 보더라도 '이런 내용들이 있었지.'하는 정도의 생각을 의식하지 않더라도 하게 된다.

책장에 책을 보관하는 것에도 '의도'가 있어야 한다.

그 의도가 우리 삶의 성장에도 직접 관여하게 만들어야 한다. 책장은 단순하게 책을 수납하는 공간이 아니다. 나와 책을 연결해 주면서, 내가 성장하고 진화하는 '시공간(時空間)'인 셈이다.

나의 경우에는 장기-중기-단기의 시간 단위로 나눠 책장을 편집하고 있다. 말하자면 10-10-10의 원칙이라는 의도를 가지고 책장을 편집하고 있다. 10-10-10이란 10일(현재, 단기), 10개월(중기), 10년(장기)을 말한다.

10일을 위한 책 (현재~한 달)

현재 읽고 있는 책을 말한다. 업무나 개인적으로 관심을 가지고 있는 분야의 책들을 책장 한쪽 면에 정리해 두고 있다. 당장 읽어야 하는 책들이라 출퇴근 시간, 자투리 시간, 주말을 활용해 읽고 있다.

읽고 있는 책을 보다가 좋으면 10개월을 위한 책, 10년을 위한 공간으로 옮기기도 한다.

※10일을 위한 책의 기준
① 관심 있는가?
② 지금 나의 일이나 상황에 도움이 되는 책인가?
③ 재미있고 호기심을 자극하는 책인가?

10개월을 위한 책 (1년~2년)

중기적으로 좋은 습관을 들이기 위해 읽어야 하는 책, 다음 업무를 위해 미리 준비해야 하는 책, 그리고 다음 책을 준비하기 위해 읽는 책들을 모아 두고 있다. 10개월이라고 말하지만 보통 1년~2년 정도의 기간으로 생각하면 된다.

내용이 좋아서 계속해서 곁에 두고 읽고 싶으면, 10년을 위한 책장의 공간으로 옮긴다.

※10개월을 위한 책의 기준
① 1년 내에 이루고 싶은 일과 관련 있는가?
② 삶을 성장시키는 새로운 습관에 대한 내용인가?
③ 다음 일을 위해 필요한 책인가?

10년을 위한 책 (평생 곁에 두고 읽을 책)

평생 실천해야 할 습관, 사고방식, 태도에 대한 책들을 모아두고 있다. 주로 영성에 대한 책, 사고법과 건강에 관한 책들을 정리해 두고 있다. 10년 뒤 하고 싶은 일이나 비즈니스에 대한 책도 좋다. 책을 읽으면 보통 2권 이상을 동시에 읽는데, 그 중 한 권은 장기적으로 기억하고 실천 해야 할 10년을 위한 책 중에서 읽고 있다.

여기에 수납된 책들은 내 삶의 미래의 거울인 셈이다.

※10년을 위한 책의 기준
① 멘토 같은 책인가?
② 나다움을 위해 필요한 책인가?
③ 남들은 인정하지 않지만, 나는 옳다고 생각하는 책인가?

테마 별로 책을 정리하지 않고, 시간 단위의 시선으로 책장을 분류하는 이유는 다음과 같다.

직장을 다니면서 다양한 분야의 책을 읽어야 한다는 고정관념을 가지기 쉽다. 경제, 경영, 자기계발, 소설, 에세이 같은 여러 분야의 책을 소화해야 한다는 생각자체가 책 읽기를 방해하는 이유가 될 수 있다.

하지만 책장을 일상의 연속으로 상상하고, 현재, 1년 후, 10년 후, 이렇게 생각하면 자신의 삶을 들여다보게 되고 생각하게 된다. 그것도 책장을 볼 때마다. 지치고 힘들 때 1년 후, 10년 후의 책장에 꽂혀 있는 책을 쳐다보는 것만으로도 동기부여가 될 수 있다.

현재 관심을 가지고 읽는 책이 1년 후의 책장으로 들어갈 수도 있다. 예를 들어, 이번에 읽고 있는 박웅현의 〈다시, 책은 도끼다〉는 다 읽고 나면, 10개월을 위한 책장으로 옮길 것이다. 물론, 박웅현의 전작인 〈책은 도끼다〉도 이미 10개월의 책장에 꽂혀있다. 독서를 할 때 다른 관점으로 깊이 있게 바라보는 시선을 더해주는 책이니만큼 10개월 책장에 모셔두고 두고두고 읽으며 그의 신선한 독법을 배워볼 셈이다.

독서는 의욕만으로 되지 않는다. 독서하면서 실천으로 옮기는 것은 더더욱 어렵다. 책 읽기는 인생의 우선순위에서 항상 뒤로 밀리기 마련이다. 의욕과 의지에만 기대어서는 실패한다. 중요한 것은 독서의 의욕을 지속적으로 높일 수 있는 주위 환경을 만들어 두는 것이다. 환경이 만들어지면 실천도 그만큼 쉬워진다.

 거듭 말하지만 당신의 시선이 가는 곳이 커지게 된다. 지금 현재, 1년 후, 10년 후 어떤 곳에 당신의 시선을 둘 것인지는 당신의 의지로 선택할 수 있다. 책장에는 그런 힘이 있다. 당신에게 그런 힘을 만들어 준다. 사소하다고 생각할 수 있으나, 효과는 상상 이상이다. 이런 책장 편집 기술은 단순히 읽기 위한 편집이 아니라, 현재와 미래의 나와 대화하는 방법이자 실천을 위한 편집인 셈이다.

12_ 보기만 해도 기분 좋아지는 책장 소품들

10-10-10 진열방법 외에도 나의 책장 주변에는 엄선된 액세서리들이 자리 잡고 있다. 나는 책을 볼 때의 감정을 중히 여긴다.

생각해 보길 바란다. 기분 좋을 때 한 의사결정과 기분이 나쁠 때 한 의사결정 중 어떤 감정 상태에서의 결정이 더 만족스러운가? 마찬가지이다.

**기분이 좋을 때 하는 독서와 기분이 나쁠 때 하는
독서의 결과는 몰입도나 깨달음 차원에서
큰 차이를 나타낸다.**

그래서 나는 책장에서 책을 고를 때 기분이 좋아지는 액세서리들을 바라보며 일단 기분부터 조율한다.

그렇게 생각하지 않더라도 책장의 입장에서 보자. 우리도 옷만 갖춰 입는 것이 아니라 시계, 귀고리, 팔찌 같은 액세서리를 하면 기분 좋아진다. 책장도 그런 마음을 가지고 있다. 자신이 품을 책뿐 아니라, 예쁜 액세서리를 함께 진열하면 기분 좋을 것이다.

나의 경우에는 책장 근처에 앤틱 만년필, 보면 기분 좋은 해외 사진, 피규어 등이 있다. 이 물건들이 책장과 근처에 놓여 있는 것만 보더라도 상상력을 가지게 되고, 책을 뽑고 싶은 자극이 스멀스멀 일어난다.

글쓰기를 자극하는 빈티지 만년필
나는 책 읽기를 하면서 글쓰기를 즐기는 편이다. 만년필은 책장의 책들에게 영감을 받으면서 글 쓰는 상상력을 자극한다.

상상의 나래를 펴게 하는 해외 사진
생각의 범위를 벗어나게 해 주거나, 상식을 뛰어넘는 상상력을 자극하게 해 준다. 가고 싶은 나라의 사진을 배치해 두는 것도 좋은 아이디어이다.

기분 좋아지는 피규어

자신이 좋아하는 캐릭터의 피규어나 장식품을 두는 것도 좋다. 시각적으로 기분 좋아지고 책장 쪽으로 시선을 유도하면서 볼 때마다 미소 짓게 만드는 매력이 있다.

책장을 대하는 내 마음을 더욱 친근하게 또한 기분 좋게 만들어 주는 소품들의 효과는 이 뿐만이 아니다. 레오나르도 다빈치에 대한 책을 읽으면서 피렌체와 베네치아를 가봐야겠다는 생각을 하게 되었고 책장에 피렌체와 베네치아에 대한 사진을 두고 그 곳에 가기 위해 비행기를 타는 내 모습, 사진에 나오는 장소를 직접 바라보며 행복해하는 모습을 상상하기 시작했다. 우연의 일치였는지 상상의 힘이었는지 알 수 없지만 (난 상상의 힘이라 믿는다), 몇 개월 후 회사일로 이태리를 방문하게 되었고 사진에 나오는 그 곳에서 행복해하는 내 모습은 현실이 되었다.

가슴 뛰는 상상력은 생각을 현실로 만들어 주는 능력을 가지고 있다. 가능성의 세상은 우리가 하는 작은 생각의 씨앗에서 시작되기 때문이다. 나에게 있어 책장은 내가 꿈꾸는 세상을 그리는 생각의 씨앗이 꿈틀거리며 시작되는 곳이다.

책장 소품들

13_ 독서에 에버노트 활용하기

아침에 출근하면서 지하철에서 읽어야 할 책 두 권을 고른다. 가벼운 자기계발서 한 권과 관심 분야의 책 한 권.

집에서 지하철까지는 마을버스를 탈 수도 있지만 건강을 위해 30분 정도의 거리를 아침 저녁으로 걷고 있기 때문에 이어폰은 필수다. 이 시간은 걷기를 통해 다리의 근육을 키우는 시간인 동시에 내가 좋아하는 TED나 강연을 들으며 마음의 근육을 다지는 시간이기도 하다.

이렇게 걷거나 지하철에서 책을 읽다가 갑자기 메모할 것이 머리에 떠오르면 휴대폰에 메모를 한다. 그때 활용하는 것이 에버노트(Evernote) 앱이다. 에버노트에 관심사 별로 카테고리를 만들어 두고 업무, 책 쓰기, 아이디어, 취미 등으로 나누어 메모하고 있다.

 일을 하면서 책을 쓰다 보니, 에버노트 덕을 많이 보았다. 휴대폰을 통해 기록한 간단한 키워드나 아이디어는 글쓰기의 좋은 소재가 되고, 자투리 시간에 휴대폰의 에버노트를 통해 적어둔 글들은 노트북 또는 컴퓨터와도 연동이 되기 때문에 정말 편리하다. 사실 이 책의 많은 부분도 에버노트의 도움으로 쓴 글들이다. 출퇴근 하면서, 동료들을 기다리며 카페에서 틈틈이 메모하고 기록해 둔 것을 다듬어서 출간한 셈이다.

에버노트 활용하기

 책을 읽다가 좋은 문구나 실천하고 싶은 문구가 있으면, 에버노트에 바로 옮겨 적는다. 적으면서도 다시 한 번 생각하는 것은 실천에 무척 도움이 된다.

에버노트 활용은 시간을 만들어내기 위한 유용한 방법이다. 많은 사람들이 시간이 나면 원하는 것을 해야지 하고 생각한다. 시간이 나면 여행을 가고, 책을 쓰고, 취미 생활을 하는 등 시간이 나면 새로운 일을 시작하려고 생각한다. 그렇게 지금은 시간이 없다고 생각하면서 동일한 일상을 반복해 간다. 시간이 생긴 후에 준비하는 것은 이미 늦다. 사실 시간이 없다는 말은 생각이나 의도가 없다는 말과 같다.

생각의 우선순위가 바뀌면
시간의 우선순위도 바뀌게 된다.

책을 읽고 싶은데 바빠서, 시간이 없어서 읽지를 못한다는 말은 책을 읽을 생각이나 의도가 없는 사람들이 자기 합리화를 위해 하는 말이다.

의도를 가지고 시간을 만들어야 한다. 책을 쓰기 위한 시간을 만들어야겠다는 의도가 자투리 시간 사용이란 생각으로 이어졌고 에버노트를 사용하면서 실천하게 되었다. 일상의 작은 차이가 훗날 크나큰 격차를 만들어 낸다.

14_ 멘토 같은 한 권의 책이 있는가?

'멘토 같은 책?'

보면 가슴 설레고 삶의 활력이 되면서, 문득 문득 인상 깊었던 책의 구절이 떠오르는 그런 든든한 후원자 같은 책 말이다. 만약 이런 책이 한 권이라도 떠오르는 당신은 그래도 운이 좋은 사람 이다. 삶이 힘들 때 중심을 잡아 줄 든든한 멘토와 같은 존재가 있으니 말이다.

나는 멘토 같은 책들은 항상 책등이 보이도록 주변에 놓아두거 나 책장에 꽂아둔다. 보기만 하더라도 자극을 받고 동기부여가 되기 때문이다. 우리의 무의식은 생각하는 것 이상의 힘을 가지 고 있다. 모든 내용을 의식적으로 기억할 수는 없지만 책등을 보기만 하더라도 어느 정도의 내용은 머릿속에 상기된다.

책 읽기는 다른 사람의 경험을 자신의 경험으로 변환시키는 작업이다. 단순한 정보의 습득은 책을 읽지 않아도 인터넷 검색을 통해서 쉽게 얻을 수 있는 세상이다. 하지만 저자의 좋은 생각과 경험을 내 사고와 경험의 영역으로 끌어오기 위해서는 교감이 필요하다. 그런 교감을 가능하게 하는 것 중 하나가 주변에 두면서 에너지를 주고받는 것이다. 책장에 꽂혀 있는 책과 주고받는 에너지 말이다.

책등을 보기만 해도 기분 좋아지는 '멘토 같은 책들'이 늘어날수록 정신적으로 더 풍요롭고 폭넓은 사고를 경험하게 해 준다.

필자에겐 김상운 작가의 〈왓칭〉이 그런 책이다. 최근에 〈왓칭2〉가 출간되었는데, 영성과 마음의 세계에 관심이 많은 나에게 멋진 일상을 경험하게 만드는 멘토인 셈이다. 어릴 적 해결해야 할 문제가 생기면 엄마를 찾듯이, 일상의 크고 작은 일을 만나면 책장에서 꺼내 읽는 편이다.

많은 사례를 가지고 이해하기 쉽게 형이상학적인 현상을 설명하지만 무엇보다 일상에서 적용할 수 있는 방법론도 쉽게 제안해 준다.

〈왓칭2〉에 나오는 말이다.

'인생은 나를 찾아가는 여정이다. 나를 알면 신을 알게 된다. 내 마음을 수정처럼 맑게 닦아 시야가 무한해지면 무한한 신과 하나가 된다. '원래의 나'로 되돌아가는 것이다. 그것이 바로 영적으로 성장하는 길이다. 모든 것은 영적 성장을 위해 설계된 수업이다. 지구는 거대한 학습장이다. 이 사실을 깨닫는 것 자체만으로 시야는 무한히 넓어진다. 모든 걸 배움으로 받아들일 수 있다.'

매일 명상을 한다. 바쁘더라도 하루 15분은 나를 위해 시간을 낸다. 시간이 내기가 힘들면 점심시간을 활용하거나 지하철에서도 명상이나 왓칭을 한다. 그날 잘났다고 우쭐된 것에 대한 어리숙함의 반성도 하게 되고, 한 번 실수나 실패를 했더라도 주눅 들지 않고 다시 일어나는 에너지를 얻는다.

글을 쓰기 전에도 좋은 기운이 담길 수 있도록 명상을 한다. 많은 사람들에게 독서의 힘이 기분 좋게 전달되고, 짧은 글 솜씨라 제대로 표현되지는 않더라도 그 느낌만이라도 전해졌으면 하는 바람에서 말이다.

어쩌면 자기계발을 한다는 것 자체가 나를 찾는 여정에 필요한 도구를 하나 더 습득하는 것일 수 있다. 이런 면에서 〈왓칭〉은 원래의 나로 되돌아가는데 필요한 든든한 후원자인 셈이다. 이런 멘토 같은 책이 있다는 것도 정말 멋진 일이다.

15_ 집중력 높이는 독서 타이머

군대 있을 때 부모님과 면회시간이 10분밖에 남지 않았을 때의 느낌이 아직도 생생하다. 군 입대를 하고 나서, 어머니께서 면회를 오셨다. 평소에 말이 많지 않은 큰아들인 나였지만 어머니를 보자마자 눈시울이 붉어지며, 하고 싶은 백만 가지 말들이 떠올랐다.

"면회 시간 10분 남았습니다."

시계를 바라보니 면회한 시간이 한 시간을 훌쩍 넘었다. 너무나 붙잡고 싶었던 10분. 나중에 안 일이지만, 당시 어머니는 항암

치료를 받고 계셨고 내가 제대를 하기도 전에 돌아가셨다. 그래서인지 면회를 오셨던 어머니와의 소중하고 안타까웠던 10분의 기억은 아직도 내 가슴 속에 깊이 남아있다.

누구나 한 번쯤 이런 경험이나 비슷한 감정은 느껴봤을 것이다. 시험 시작 전 10분, 면회시간 10분, 사랑하는 사람과 헤어지기 전 공항에서의 10분...

**당연하고 별 것 아닌 듯했던 짧은 시간도
의미를 부여하면 시간의 가치가 달라진다.
간절함이 만들어내는 집중력이 생기는 것이다.**

나에게는 특별한 타이머가 있다. 책을 위한 타이머. 10분 정도의 짧은 시간에 책을 볼 때는 타이머를 활용한다. 10분이라는 똑같은 시간에 책을 보더라도 10분이란 시간에 의미를 부여하며 집중하는 것과 그저 생각 없이 책을 읽어내려 가는 것은 효과가 천지차이다.

아침 출근 전 10분의 시간이 생겼다. 책상 위에 있는 타이머를 켜고 책을 읽기 시작한다. 계속 눈으로 보지 않지만, 마음에는 10

분이라는 제한된 시간의 눈금을 읽고 있는 셈이다. 집중도 잘 되고, 눈에도 힘이 들어간다. 10분밖에 없다는 절박함이 만들어내는 효과이다. 그렇게 읽다가 뭔가 마음에 와 닿는 문구를 하나라도 발견하면 정말이지 기분이 좋다. 책도 그런 내 마음을 아는 듯 평소에는 보이지 않던 문장, 소중한 글귀들을 나에게 던져준다. 무엇보다 그럴 때 읽은 문장들은 더 기억에 남게 되니 실천으로 옮길 가능성도 더욱 높아진다.

내가 가지고 있는 타이머는 두 가지 타입이 있다. 둘 다 인터넷에서 저렴하게 구입한 제품들이다. 숫자로 표시되는 타이머와 계란 모양의 아날로그 느낌의 타이머이다. 계란 모양의 타이머는 작은 소리가 나면서 작동하기 때문에, 긴장감(?)을 더 주는 편이다. 짧은 시간에 효율적으로 집중력 높이는 방법이다.
짧은 시간을 독서에 투자할 생각이라면 타이머를 켜고 읽어보길 바란다. 그 시간의 가치를 새롭게 바라보게 될 것이다.

타이머

16_ 발의 욕망을 풀어주는 방법

　내가 독서를 할 때 가장 고마워하는 신체부위는 발이다. 왜 하필 발일까? 실천독서를 위해 가장 먼저 실천해야 할 일이 책을 읽는 일이다. 독서 자체가 첫 번째 실천이 되는 셈이다.

　독서는 대부분의 경우 정지한 상황에서만 가능하다. 그렇다 보니 자꾸만 움직이고 싶은 욕망이 스멀스멀 올라오는 것을 참아야 하는 경우가 많다. 친구들과 커피숍에서 만나 수다도 떨고 싶고, 옆에 있는 TV 채널 이곳 저곳을 눌러 보고 싶은 생각이 자연스럽게 생긴다. 발의 움직이고 싶은 유혹을 끊임없이 받고 있는 셈이다.

　하지만 방법이 없는 것도 아니다. 그렇게 움직이고 싶어 하는 발에게 대우를 해 주면 된다. 하루 일과를 마치고 쉬고 싶지만 책상으로, 책을 읽을 나만의 공간으로 나를 이동시키는 것도 발이고, 내가 앉아서 책을 읽을 때까지 욕망을 억누르고 있는 신체 부위도 발이기에 고마운 일이다. 그런 발의 욕망을 충족시켜주기 위한 방법이 있다. 바로 책상 밑에 발 마사지기를 두고 활용하는 것이다.

책상 밑에 발 마사지기를 두면 좋은 이유는 다음과 같다.

첫째로, 독서와 발 마사지의 일석이조의 효과다. 책상 밑에 있는 오래 전 중고장터에서 산 발 마사지기이지만, 정말 유용한 기기이다. 책상에 앉아서 발 마사지 받는 기분도 남다르다. 책을 보면서 발 마사지를 받으니 힐링도 되고 시간도 절약하게 된다.

둘째로, 자연스러운 독서로 이어지게 한다. 일을 마치고 집에 돌아오면 피곤한 날도 있다. 마냥 쉬고 싶은 그런 날인 셈이다. 여러분도 한 번씩 경험해 봤을 것이다. 그런 날은 발 마사지를 하려고 습관적으로 의자에 앉게 된다. 멍하니 발을 마사지 기계에 올려두고 5분 정도 지나면, 자연스럽게 책상 위에 있는 책에 눈길이 간다.

긴장하면서 보는 책도 아니고 책을 읽어야겠다고 생각해서 읽는 것도 아니다. 그냥 발 마사지를 받기 위해서 읽는 것이다. 하지만 이렇게 10분 정도 지나면 나도 모르게 독서에 몰입하고 있는 나를 발견하게 된다.

그날 피로를 그날 푸는 게 좋다. 피로를 풀면서 생산적인 독서까지 가능하게 해 준다. 마사지를 받으면서 책을 보는 시간은 발이 시원하다 싶을 때까지만 책을 보고 일어나는 편이다. 그런 좋은 기분이 다음에도 마사지를 받으면서 책을 보는 힘을 만들어 주기 때문에. 이 글을 쓰고 있는 이 순간도, 책상 밑에서 오늘도 열심히 움직인 발에게 마사지를 해 주고 있다. 오늘도 야근을 한 날이지만, 지쳐서 쉬고 싶은 날에도 발에 대한 연민이 책에 대한 사랑으로 이어지고 있다. 발 마사지를 받으면 쉬고 싶은 날. 나를 책상에 앉히는 힘인 셈이다.

책상 밑 발 마사지기

실천독서

3장

태 도

'나는 그가 마음에 들지 않아.

왜냐하면 그는 내 말에 귀 기울여 듣지 않기 때문이야.'

사람만 그럴까?

책도 우리를 향해 하고 싶은 이야기가 있다.

01_ 책은 빠른 것을 좋아한다

요즘 요가에 빠져있다. 일주일에 3번 정도는 요가를 하는 편이다. 뭔가를 시작하기 전에 관련된 책은 꼭 읽는 편이다. 운동을 좋아했지만, 몸이 유연하지는 못했다. 그래서 관심을 가지게 된 요가. 일단 서점에서 구입한 책으로 요가를 접했다.

책을 읽고 가장 먼저 한 일이 무엇이었을까? 바로 요가원에 등록하는 것이었다. 알지 못하는 분야는 혼자서 할 수 없다. 누군가의 도움이 반드시 필요하기 때문에. 인터넷과 요가를 하는 지인에게 최소한의 정보를 확인한 후에 바로 요가원에 등록을 한 것이다.

시작한지 3년 정도 지났다. 일하는 틈틈이 요가동작을 활용한 스트레칭을 하고 있다. 일상에서 작은 시간의 조각들을 이용해서 배운 것을 활용하고 있는 셈이다.

뭔가를 시작할 때, 무엇이 가장 방해가 되는지 생각해 봤는가? 어쩌면 자신의 '많은 생각들'이 방해가 될 때가 많다.

'요가는 여자들이 대부분 일 텐데, 남자인 내가 괜찮을까?'
'좋다는 건 알겠는데 어떻게 시작을 하지?'
'지금은 바쁘니 다음에 조금 더 알아보고 하는 것이 좋을 것 같다.'

처음 시작할 때 이런저런 생각들이 정말 많다. 나도 처음엔 그런 생각을 안 한 건 아니다. 하지만 생각이 많을수록 시작하기가 더 힘들다는 것도 안다. 책은 빠른 것을 좋아한다. 빨리 시작해야 성공할 확률도 높아지는 셈이다. 앞서 발사-조준-준비의 단계를 이해했다면, 요가원에 접수해서 갈 수 있는 환경, 가야 하는 이유를 만들어 두는 것이 최우선이다.

시간도 단축할 수 있다. 책을 읽고 실천하기 전에 하는 많은 생각들은 정말 비효율적이다. 이렇게 상상을 해보자. 자기계발서를 읽고 요가를 할지 말지 한 달간 고민을 한다. 그래서 결국 이런저런 이유로 안 하기로 생각했다면, 한 달간이라는 고민시간은 낭비의 시간일 뿐이다.

하지만 바로 요가를 시작한다면, 자신에게 정말 맞는지 아닌지를 빠르게 판단할 수 있고, 만약 맞지 않은 운동이라고 생각되면 다른 대안을 찾게 된다. 물론 신중을 기해야 하는 일도 있다. 필자가 강조하고 싶은 것은 자기계발의 영역은 내가 직접 해 보지 않고는 판단하기 힘들다는 것이다.

시간이 중요하고 낭비하는 게 아깝다는 생각이 들수록 빨리 시작하는 것이 효율적인 셈이다.

내가 생활하는 환경도 요가를 접할 수 있도록 만들어 두었다. 집에서도 요가를 위한 최소한의 공간을 마련했다. 말 그대로 최소한의 아담한 공간이다. 매트 한 장 정도 깔 수 있는 공간을 마련해 집에서도 요가를 즐길 수 있게 나를 위한 배려도 잊지 않았다.

이렇게 지속 가능하게 만들어 두기 위해 생활 속에서 자연스럽게 할 수 있는 여건을 마련하는 것도 좋은 방법이다. 눈이 돌아갈 만큼 바쁘게 살다 보면 처음에 좋다고 생각하고, 중요하게 생각했던 것도 까먹기 쉬운 세상이다.

하지만 눈이 매트와 마주치는 순간마다 처음의 다짐을 기억해 주면 된다. 오늘도 요가로 내 몸을 행복하게 해 주겠다는 실천의 다짐 말이다.

일상에서도 실천하는 요가

02_ 내 방식대로가 아닌, 책이 말하는 방식으로

5시 40분. 아직 태양이 떠오르지 않아 날이 어둡다. 아침 산행을 준비하기 위해 생수 한 병을 가지고 집을 나선다. 가을로 들어서는 날씨, 제법 새벽 기온이 쌀쌀하지만, 신선한 공기가 몸 전체로 퍼지는 느낌이 밤새 잠든 세포 하나하나를 깨우는 것 같다.

항상 이런 기분으로 시작하는 아침 맨발 산행.

1년 전 맨발 산행을 처음으로 접했다. 건강에 대한 관심이 많아 자기계발서 중 건강관련 책도 많이 보는 편이다. 맨발 산행에 대한 박동창의 〈맨발로 걷는 즐거움〉을 처음 읽고서는 '그래 나도 한번 해보자.' 라는 생각이 들었다. 너무 많은 생각은 실천에 도움이 되지 않아 하지 않는 편이지만 맨발 산행은 그래도 조금 고민이 되었다.

'그래도 얇은 신발은 신고하는 게 좋지 않을까?'

'처음이니까 맨발은 부담스러우니 양말만 신고할까?'

책을 읽고 실천하기 전 많은 사람들이 자신만의 방법으로 바꾸어서 하는 것이 쉽다. 왜냐하면 지금까지 해오던 패턴이 편하고, 여태껏 살아온 삶의 방식을 거부하기가 힘들기도 하고, 내 생각의 범주를 벗어나는 것이 불편하기 때문이다.

하지만 결론은 책에서 말하는 그대로 하는 것이 좋다. 자기변화와 성장을 목적으로 실천 독서를 한다면 더욱 그렇다. 다음날부터 무조건 신발을 벗고 산을 올랐다. 맨살의 느낌이 산의 작은 티끌에도 반응하는 것이 나쁘지 않았다. 그렇게 일주일을 하다 보니 오히려 발바닥이 시원한 느낌마저 들었다.

사실 지금은 양말을 신는 것도 불편함을 느낄 정도다. 발도 양말과 신발에 둘러싸여 답답함을 느끼는 모양이다. 맨발 산행을 시작한 후, 특별한 날을 제외하고는 일상에서도 양말을 신지 않는다. 신발 안에 종이 깔창을 넣어서 맨발로 신발을 신고 다닌다.

맨발산행 책, 그리고 신발과 종이 깔창

맨발 산행을 하고 나서부터 몸이 더 가벼워졌다. 하루를 기분 좋게 시작하는 것, 아침부터 산의 상쾌한 공기와 좋은 기운을 받으면서 시작하는 것은 일상에 지치기 쉬운 사람들에게는 정말 좋은 운동이리라.

처음부터 책이 말하는 대로 하길 잘했다는 생각이 든다. 자기계발서의 대부분은 저자들이 직접 경험하고 쓴 방법들이다. 그런 방법들을 내 방식을 바꾸어 실천한다는 것은 책에서 제안하는 방법이 아니라, 그냥 또 다른 여러분의 방식이 될 뿐이다. 지금껏 여러분의 방식으로 살아왔다.

책도 고집이 있다. 읽는 사람의 생각 개입이 아니라 책의 의견에 경청해야 하는 것이다.

그 고집을 꺾으려면 실천해보고 나서 책에게 그 답을 돌려주면 그만인 셈이다. 거듭 강조하지만, 왜 자기계발서를 읽는지 생각해 보길 바란다.

03_ 아침 투자 습관

"책 읽는 습관을 들이기가 너무 힘들어요. 좋은 방법이 없을까요?"

첫 책을 낸 후, 자기계발 큐레이터로 소문이 나면서 직원들이 자기계발에 관련된 것들을 많이 물어온다. 그 중에서도 독서에 대해 조언을 구하는 경우가 많다. 일을 하면서 틈틈이 책을 본다는 것이 사실 쉽지만은 않다. 그것도 자신에게 도움이 되는 방향으로 실천한다는 것은 많은 인내가 필요한 경우도 많다.

2015년 한국출판연구소가 성인 5,000명을 대상으로 설문조사를 했다. 1년간 1권 이상의 책을 읽은 사람은 65.3%로, 성인 3

명중 1명은 1년 동안 1권의 책도 읽지 않았다. 책을 읽는 성인의 수도 갈수록 줄어들어 2013년과 비교 했을 때에도 6.1%나 줄어들었다.

왜 책을 읽지 못했는가에 대한 이유로는 1위가 '일 또는 공부 때문에'(34.6%), 2위가 '책 읽기 싫고 습관이 안 들어서'(23.2%), 3위가 '마음의 여유가 없어서'(12.9%)로 꼽혔다.

책 읽기가 쉽지 않은 이유가 일, 습관 그리고 마음의 여유와 관련이 있는 셈이다. 사실 직장 생활을 하면서 꾸준히 책을 보기란 말처럼 쉽지 않다. 그렇다고 방법이 없는 것은 아니다. 저자도 직장 생활을 하면서 여러 가지 방법을 실천하고 실패도 많이 했다. 주말에 몰아 읽기도 해 보기도 하고, 퇴근 후 밤늦게까지 책을 보기도 했다.

하지만 그런 방법도 규칙적으로 하기에는 한계가 많았다. 주말에 생각지 못했던 대소사가 생기기도 하고, 퇴근이 늦은 날이나 회식이 있는 날이 잦으면 일상의 계획도 물거품이 되는 경우가 비일비재했다.

그렇다고 포기할 수는 없었다. 그래서 내가 컨트롤할 수 있는 시간인 아침시간을 이용하기로 했다. 처음에는 딱 10분만 시간을 내어 책을 읽기로 했다. 그 10분이 길어져 지금은 길게는 한 시간까지 독서를 한다. 시간을 오래 투자하겠다고 마음먹으면 실천이 힘들다. 하지만 10분은 작은 의지만으로도 실천할 수 있는 시간이다. 이렇게 아침독서를 생활화한 후부터는 일주일에 5권 이상의 책을 읽을 수 있게 되었다.

아침에 읽을 책은 당일 아침에 선택하는 것보다, 전날 책상이나 식탁 같은 손이 쉽게 가는 장소에 미리 준비해 두면 자연스럽게 아침 독서를 시작할 수 있다. 누구나 일을 하더라도 출근 전이나, 출근 시간 동안 지하철에서 10분은 낼 수 있다. 휴대폰으로 누리는 디지털 삼매경에 빠지지만 않는다면 말이다.

또한 처음 아침독서를 시작할 때에는 내가 관심이 있는 분야의 책이나 읽었을 때 기분이 좋아지는 책을 선택하는 것이 좋다. 처음부터 무거운 책을 선택하면 곧 지루해져서 포기하기 쉽기 때문이다. 10분 동안 3페이지를 읽을 수도 있고, 10페이지를 읽을 수도 있다. 하지만 아침에 읽은 독서량에 상관없이 하루를 기분 좋게 시작할 수 있고, 하루 내내 별도의 시간을 만들어서 책을 읽어야겠다는 마음의 부담도 없어지게 된다. 선순환을 만들어 갈 수 있는 좋은 방법인 셈이다. 이렇게 하다 보면 자연스럽게 책을 접하는 부담도 없어지고, 습관도 몸에 배게 된다.

아침에 책을 읽다 보면 오늘 할 일들과 일어날 일들에 대한 잡념 때문에 책 읽기에 방해가 되는 경우가 많다.

'오늘 민감한 보고를 해야 하는데, 상사가 어떻게 생각할까?'

'직장 동료와 관계가 서운한데, 회사에서 만나면 어떻게 행동해야 할까?'

하지만 현실을 더 밀도 있게 들여다보자. 우리가 하고 있는 생각들이 정말 일어날 일에 대해 고민하고 있는지 말이다. 나중에 돌이켜보면 일어나지도 않을 상황에 대해 그 만들어진 상황과 내 생각이 격렬하게 싸우고 있는 경우가 대부분이다.

마크 트웨인은 이런 말을 했다.

"내가 고민했던 수천 가지 문제 중에서 대부분은 실제로 일어나지 않았다."

아침 독서를 시작하면서 잡념이 생길 때마다 내가 자주 되새겼던 말이다. 실제로 일어나지도 않을 문제를 가지고 고민하는데 시간을 허비하지 않았더니, 독서를 하는데 있어서 집중력도 좋아졌다.

일상에서 책 읽기는 우선순위에서 계속 밀린다. 주말이면 가고 싶었던 곳도 가야하고, 일주일에 몇 번은 피트니스 센터에 가서

운동도 해야 하고, 오랜만에 만나는 친구들과 모임도 있다. 독서는 사실 매일매일 꼭 해야 하는 것은 아니라는 인식 때문에 항상 '시간 나면 해야지'라는 마음이 바닥에 깔려 있다.

상황이 이렇다 보니 꾸준한 독서를 원하는 사람이라면 아침 독서를 꼭 실천해 보라고 당부하고 싶다. 아침에 하는 짧지만 밀도 있는 독서는 우선순위에서 밀리기 쉬운 '작지만 중요한' 일을 실천할 수 있게 해준다.

나는 독서를 마치면 꼭 책에게 인사를 건넨다. 짧은 시간 많은 지혜를 준 책에게 '고마워'하고 인사하는 것이다. 시간이 지나면 알게 되지만, 그럴수록 책은 더 많은 지혜를 당신에게 줄 것이다.

아침 10분 독서

① 아침 출근 전 책상이나, 식탁에
   기분이 좋아지는 좋은 책을 준비한다.
② 출근 전 또는 출근할 때 자투리 시간을 활용, 10분간 책을 본다.
③ 책에게 '나에게 많은 지혜를 주어서 고마워'하고 인사한다.

독서 습관에 대해 조언을 구했던 직원도 독서량이 많이 늘었다고 한다. 처음에 시간이 없어서 하지 못할 것 같았는데, 작은 습관 하나가 이렇게 변화를 가져올 줄 몰랐다고 한다. 성인들도 독서를 위한 체력과 근육이 단련되어야 한다. 그냥 생각만으로 실천하기 힘든 것이 책 읽기이다. 아침 10분으로 조금씩 단련하다 보면 제대로 된 성공습관 하나를 만드는 셈이다. 10분이라는 짧은 시간이지만 시간이 지나면서 굴러가는 눈덩이처럼 늘어나는 독서량을 보게 될 것이다. 아침 독서는 하루를 시작하면서 자신에게 할 수 있는 작지만 강력한 투자이다.

04_ 발효와 날것

나는 식사를 할 때 편식을 하지 않는 편이다. 이것저것 잘 먹는다. 없어서 못 먹지 있으면 잘 먹는다. 야채와 회처럼 같이 날것 그대로 먹는 음식도 정말 맛있지만 된장과 젓갈, 김치와 같이 발효된 음식들 역시 건강에 좋을 뿐 아니라 날것 그대로 먹는 음식에서 느끼지 못하는 깊이 있는 맛이 있다.

음식에만 그런 것이 있는 것은 아니다. 책을 소화시키는 두 가지 방법. 날것으로 소화 하느냐, 발효된 상태로 흡수하느냐 하는 것도 중요한 기술이다. 모든 책을 날것으로 이해해도 도움이 되지 않고, 그렇다고 모든 책을 발효해서 받아들이기에는 시간이 너무나 오래 걸린다.

날것으로 소화해야 하는 책과 발효를 통해 몸으로 흡수를 해야 하는 책은 사람마다 다르다. 각자 자신에게 맞는 방법을 책을 읽어가면서 찾는 것이 현명한 방법일 것이다.

예를 들어 내가 쓴 자기 계발서 〈나는 뇌섹남이다〉 같은 책은 날것으로 그냥 읽으면 되는 책이다. 자기 계발서의 많은 책들이 나에겐 날것으로 먹는 대상이다. 이지성의 〈리딩으로 리더하라〉, 박경철의 〈자기혁명〉, 사이먼 사이넥의 〈나는 왜 이 일을 하는가?〉와 같은 책들이 이 범주에 속한다. 책을 날것으로 먹는다는 의미는, 책의 메시지와 실천을 책이 주는 의미 그대로를 받아들인다는 것이다. 같은 방식으로 내 삶에 적용해 보고 실천을 해 보는 방법이다.

반면, 발효를 통해 책을 받아들이고 몸에 배어 들게 하는 방법이 있다. 발효라는 것은 효모에 의해 이루어진다. 김치를 담그더라도 김장 재료와 손이 가는 작업들은 사람이 직접 한 후에, 그다음 역할은 효모를 통한 발효과정을 지켜보는 것이 전부이다.

내게 이런 발효를 필요로 하는 책들은 네빌 고다드의 〈상상의 힘〉, 바이런 케이티의 〈나는 지금 누구를 사랑 하는가〉, 조셉 머피의 〈잠재의식의 힘〉과 같은 영성과 내면에 관한 책들이다. 곁에 두고 한 구절 한 구절 의미를 곱씹으며 생각날 때마다 반복해서 읽어보는 책들이다.

음식의 효모가 필요한 것처럼, 무의식의 작용을 필요로 하는 책 들인 셈이다. 내가 책을 통해 생각을 발효시키는 방법은 다음과 같다.

책을 통한 생각 발효법

① 익히고 싶거나 습관으로 만들고 싶은 책의 구절을 주기적으로 읽는다. 책 전체를 읽을 필요는 없다. 밑줄 그은 부분만 읽어도 효과적이다.
② 잠들기 전에 마음에 드는 구절을 읽고 생각하면서 잠든다.
③ 책장에 꽂혀 있는 책을 보면서 내용을 그려본다.
④ 짧게는 일주일, 길게는 한 달 동안 같은 책을 꾸준히 조금씩 반복해서 본다.

날것으로 받아들인 책들은 개인의 눈에 보이는 테크닉을 보완해 주는 것이라면, 발효를 통한 책 읽기는 보이지 않는 삶의 형태를 변화시킨다. 의식을 확장시키고 자신의 잠재력을 확인하게 해 주는 것이다.

여러분도 읽을 때마다 의미가 달라지는 문장을 경험해 보았을 것이다. 같은 책이라도 두세 번 읽다 보면 전에는 보이지 않던 부분에 감동을 받는 경우도 있었을 것이다. 마음이 전율하는 책을 접했던 기억도 있었을 것이다. 그런 책들은 발효의 과정을 거치면 효과가 좋은 책일 가능성이 많다.

이런 책들을 두고두고 곱씹어가며 반복해서 읽다 보면 발효된 음식이 우리에게 주는 영양가가 높은 것처럼 발효의 과정을 거친 책들을 통해 우리의 의식도 건강해진다.

05_ 인복과 책복

살다 보면 '저 사람은 참 인복이 많구나.'라는 생각이 드는 사람들을 만난다. 그들을 유심히 살펴보면, 왜 그 사람이 인복이 많은지 금방 알 수 있다. 인복이 있는 사람은 사람을 끄는 행동을 의식적으로, 무의식적으로 끊임없이 하고 있다.

어떻게 생각하면 인복이야말로 Give and Take이다. 많이 베풀수록 그만큼 되돌아온다. 내가 아는 한 사장님은 한 번씩 나에게 전화를 한다. 그냥 생각나서 전화한단다. 이유도 없다. 목소리도 듣고 싶고, 한 번씩 만나서 편하게 커피를 마시면서 이야기하는 것이 좋다고 한다. 내가 연락을 하지 않아 잊을 만하면 꼭 연락을 준다. 난 그분을 보면서 정말 많은 것을 배운다. 인복이란 그냥 오는 것이 아니라 노력해서 만드는 것이라는 것을.

모든 종류의 '복'을 누린다는 것은 참 감사한 일이지만 나는 특별한 복을 누리고 있다. 바로 '책 복'이다. 내가 가끔씩 읽는 책 중에는 제목만 봐도 내용을 쉽게 알 수 있는 책들도 있다. 어떤 친구들은 뻔한 내용의 책을 왜 읽느냐고 물어보기도 한다. 정말 뻔한 이야기 일 수 있다. 하지만 정말 그런 책을 읽는 것이 의미가 없을까.

가끔씩 어머니의 잔소리가 생각난다. 어릴 적에는 그렇게 듣기 싫었던 잔소리가 말이다. 어머니의 잔소리가 싫었던 이유는 너무나 당연한 소리였기 때문이다. 그것 정도는 알고 있으니 이젠 그만 했으면 하는 마음이었다. 하지만 시간이 지나도 문득문득 그 잔소리가 떠오르는 이유는 뭘까? 당연했지만 삶을 살아가면서 꼭 알아야 할 필요한 말들이었기 때문이리라.

어머니의 잔소리와 같은 책이 있다. 당연하다고 생각하지만 낯선 가르침을 주는 책이다. 난 그런 책들이 좋아한다. 책을 꾸준히 가까이 하고 있지만 독서에 관한 책도 빼놓지 않고 읽고 있다. 스즈키 신이치의 <쓰는 힘은 읽는 힘>, 다치바나 다카시의 <나는 이런 책을 읽어왔다> 그리고 오에 겐자부로의 <읽는 인간>등은 내가 최근에 읽은 독서에 대한 책들이다.

오에겐자부로의 <읽는 인간>에 보면 예이츠의 시구를 인용하고 있는데, '지키지 못한 유년시절의 맹세'라는 말이 나온다. 나를 새롭게 보게 해준 문장이었다. 지키지 못한 유년시절에 한 맹세는 일상에서 더욱 나답게 살 수 있는 원동력을 만들어 주었다.

지키지 못한 유년시절의 맹세. 그 시절을 지나고 나서야 '그 시절 맹세의 그리움'이 마음을 흔들어 놓는 셈이다. 나중에 시간이 지나 '지키지 못한 30대 시절의 맹세', '지키지 못한 40대 시절의 맹세'가 되풀이되지 않도록 어머니의 잔소리 같은 독서가 필요한 셈이다.

어머니 잔소리와 같은 책들

책 복이 많다는 것은, 좋은 책들을 통해 잊고 지내던 어머니의 잔소리와 같은 가르침을 얻어 실천함으로써 삶을 변화시켜왔음을 의미한다.

Give and take!

　내가 하는 독서들은 내 시간을 책에 투자하는 'Give'에 해당한
다. 그리고 그 책에서 얻는 가르침은 'take'로 꾸준히 변화하는
삶을 통해 그야말로 커다란 책 복을 누리고 있는 셈이다.

06_ 독서를 통해야만 접할 수 있는 경험

'독서를 통하지 않고는 쉽게 닿을 수 없는 영역이 있다.'

실천 독서는 이루고자 하는 목표를 세우고, 책과의 교감을 통해 우리의 변화를 실천해 나가는 독서법이다. 이루고자 하는 영역은 아직 가보지 못한 영역일 수도 있기에 상상력이 발휘되어야 한다. 하지만 상상력도 한계가 있을 때가 많다.

이럴 때 관련된 책이 도움이 된다. 명상을 처음 시작했을 때, 명상을 하면 전체적으로 어떤 효과가 나는지 궁금했다. 그래서 명상 관련된 책들을 보면서 효과에 대한 간접 경험과 생생한 상상을 할 수 있었다.

당신이 일상에서의 생활반경은 얼마나 되는가? 집을 나와서 움직이는 행동반경을 생각해 보길 바란다. 하루에 걷는 거리가 만보 정도 된다면, 그 만보 내에서 내 생활이 이루어지고 있다. 행동과 함께 생각도 만보 내에서 동일한 생각만 반복하게 되는 셈이다.

일을 할 때도 마찬가지다. 시야가 좁다 보면, 어느 순간 일을 하다 보면 많이 막힌다. 다양한 시야를 가지기 힘들다 보니 같은 실수를 반복하기도 한다. 상상력을 자극해야 하는 일에도 한계가 많아진다. 눈앞의 일을 초월한 환경을 생각하지 못하면, 일의 스케일을 넓히지 못한다. 당장의 일만 생각하면 시야가 극히 좁아질 수밖에 없는 것이다.

**이때 필요한 것이 자신의 일과 상관없는
분야나 영역의 책을 읽는 것이다.**

내가 하는 일이 아니다 보니 책을 통해서 접하는 간접 경험이 필요한 것이다. 남들과 다른 독창적인 시선을 가지기 위해서라도 독서를 통한 간접 경험이 필요하다.

나는 일을 하다가 양자물리학에 대한 책을 읽기도 한다. 눈에 보이지 않는 세계에 대한 이해와 상상력은 내가 일을 추진하는데도 많은 상상을 하게 만든다. 양자 물리학이 만들어 내는 현상과 세상은 독서를 통해서만 접할 수 있는 경험인 셈이다.

제임스 앨런의 〈생각하는 대로〉, 그렉 브레이든의 〈디바인 매트릭스〉, 콜리 크러처의 〈일렉트릭 리빙〉, 디펙 초프라의 〈우주 리듬을 타라〉와 같은 책들은 경험하지 못한 생각의 세상을 열어준 책들이다. 일을 하면서 보이지 않는 부분의 에너지 흐름까지 생각할 수 있는 지혜를 주는 책들이기도 하다. 책에서 말해주는 설명을 통해서만 접할 수 있는 경험인 것이다.

보이지 않는 영역의 생각은 현실이라는 벽에 한정되지 않는다. 지구, 우주의 영역까지 확대해석이 가능하다. 하는 일도 더 큰 스케일에서 바라볼 수 있는 시선을 제안해 주는 것이다. 독서를 통한 좋은 생각들의 경험과 폭넓은 상상력은 삶의 활력소가 되는 긍정적 결과를 가져다 준다는 것을 명심하자.

08_ 재단되지 않은 현재

예전의 난 자책을 하는 습관이 있었다. 뭔가 내가 노력한 만큼 되지 않았거나, 주위의 기대만큼 되지 않았을 때 스스로를 책망했다. 주기적으로 찾아오는 자책의 습관은 한 번씩 내 마음에 쓰나미를 몰고 와서는 현실을 공허하게 만들었다.

습관이라는 것은 친숙한 단어이지만 알아차리기 어려운 행위이다. 습관이라는 것에도 수준이 있다. 예를 들어 '나는 이런 습관이 있어.'라고 인지할 수 있는 습관은 사실 낮은 수준(?)의 습관이다. 낮은 수준이라는 말은 만약 그 습관이 나쁜 습관이라 고쳐야 한다면 의지를 가지고 노력한다면 쉽게 개선할 수 있는 습관이다.

정말 무서운 습관이란, 나 자신도 인지하기 어려운 습관이다. 너무나 익숙하게 몸에 배어있어서 무의식적으로 행동하거나 자신에게 인지되지 않는 '자연스러운' 습관이다. 나에게 자책이 그런 습관이었다. 상황이 여의치 않을 때마다 찾아오는 자책은 너무나 당연한 감정이어서 이것이 습관이라는 것을 30대 후반에서야 알게 되었다.

이렇게 익숙한 습관은 한 번에 고치기도 힘들다. 특히 습관적인 감정이나 생각은 그 형태가 보이지 않기 때문에 스스로 반성하고 자각하지 않는다면 죽을 때까지 가져간다. 습관이라는 것은 오랫동안 일상에서 되풀이한 과정에서 자연스럽게 익혀진 행위이기 때문에 자신도 잘 모르는 경우가 많다. 그래서 '나도 이렇구나' 하고 자각하는 것이 습관을 고치는 첫 걸음인 셈이다.

이런 성격을 가진 보이지 않는 습관을 과감하게 제거하게 하는 역할을 해 준 것이 책이었다. 책이 자책의 습관이라는 단점을 극복하게 해 준 셈이다.

책은 순수한 놈이다. 일단 화를 내지도 않고 비난하지도 않는다. 그렇다고 기분 좋게 아부도 듣기 좋은 말만 하지도 않는다. 듣기 싫은 이야기를 하더라도 감정이 실리지 않아 중압감도 없다. 책은 그런 존재다. 마음으로 모든 걸 내려놓고 텍스트를 읽으면서 받아들일 준비만 하면 된다. 그때 필요한 마음가짐이 자각과 자기성찰이다.

"문제가 해결되는 차원은 언제나 문제가 발생한 차원과 분리되어 있다"라는 아인슈타인의 말.

문제가 해결되는 차원과 문제가 발생한 차원이 다르다면, 차원을 연결할 뭔가를 가지고 있어야 한다. 그래야 문제의 해결이 가능한 셈이다. 일상에서의 책은 서로 다른 차원을 연결하는 도구가 된다. 그것도 아주 기막힌 타이밍에 말이다.

디팩 초프라의 저서 <완전한 행복>에 나오는 말이다.
"많은 사람이 현재 상태에 초점을 맞추기보다는, 자신의 경험을 덧붙인 과거나 미래 상태로 현재를 재단한다."

이 말은 자책으로 힘들어하는 나를 어둠에서 꺼내준 말이다. 자책은 경험적 결함이나 과거의 잘못에 대한 책망으로 스스로를 힘들게 한다. 하지만 디팩 초프라의 말처럼, 과거나 미래 상태와 연결하지 않고 현재 상황에 집중한 자각은 어두운 터널 같은 감정인 자책을 밝은 곳으로 끌어내는 역할을 했다.

자책 → 자각 → 자기성찰 → 실천

자책과 실천은 서로 다른 차원의 일이다. 하지만 자책도 자각과 자기성찰이라는 필터를 거치게 되면 삶의 질을 차원이 다르게 변화시키는 마법이 있다. 이런 자각을 통한 성찰의 시간은 오롯이 책을 통해 누릴 수 있었다. 나의 재단되지 않은 현재는 디팩 초프라의 한 문장을 깊이 있게 성찰한 결과인 셈이다. 이런 경험들을 통해 독서의 힘을 더욱 확고히 믿게 된 나는 저자의 날 선 가르침을 열린 마음으로 받아들이며 오늘도 조금씩 성장하고 있다.

09_ 잠자기 전 1분 독서

자기 전 뭔가를 한다는 건 귀찮은 일이다. 하지만 잠들기 전 '1분의 힘'은 대단하다. 우리가 수면을 취하는 동안에는 무의식이 활동하는 시간이다. 의식이 잠들면 그 틈을 타서 무의식이 활동을 시작하는 셈이다.

우리의 의식이 우리를 행동하게 만든다고 생각하고 있지만, 실질적으로 무의식에 의해 생각과 행동이 지배당하는 경우가 대부분이다. 우리가 늘 하는 호흡도 숨을 쉬어야겠다는 의식에 의해 행해지지 않는다. 잠을 잘 때도 호흡을 계속 하고 있지 않은가. 식사할 때 음식물을 씹는 행위도 그렇다. 음식물을 씹으면서 혀의 위치를 어디에 둘지 생각하지 않는다. 이처럼 우리의 무의식적인 행위가 일상의 대부분을 차지한다.

잠자기 1분 전이 중요한 이유는 뭘까?

바로 그 짧은 시간 동안 우리의 무의식이 무엇을 할지 명령을 내릴 수 있기 때문이다.

잠을 자면서 즐겁게 비전을 새겨 넣을 수 있고, 좋은 습관의 씨앗을 뿌릴 수 있고, 기분 좋은 글을 보면서 멋진 미래를 상상할 수 있다. 잠자기 직전 '1분'이란 짧은 시간 동안 이런 생각과 상상을 우리의 뇌에 전달하기 위해서이다.

이러한 전달을 효과적으로 하기 위해 활용하는 것이 잠자기 전 1분 책 읽기이다. 항상 곁에 두고 읽는 멘토 같은 책이나 기분 좋아지는 책을 1분이라는 짧은 시간에 읽는 것이다. 읽고 있던 페이지를 연속해서 읽는 것도 좋고, 밑줄을 그어둔 부분을 한 번 더 읽는 것도 좋다. 자신의 전문 분야 이외의 책을 읽는 것도 좋다. 잠을 자면서 책의 내용과 나의 무의식이 화학 반응을 일으켜 상상하지도 못한 좋은 아이디어를 던져 줄 수도 있기 때문이다.

1분 동안 가볍게 한 문장 또는 한 페이지를 읽은 다음 책에게 이렇게 말한다.

"내가 잠자는 동안 나에게 많은 영감과 아이디어를 주어서 고마워."

만약 책 자체를 거들떠보기도 싫은 날이라면, 책장에 꽂힌 책을 1분 동안 쭉 훑어보는 것도 괜찮다. 앞장에 설명한 대로 책장이 관리가 되어있다면 책장에는 이미 당신이 좋아하는 책이나 당신의 삶에 영향을 미치는 책들로 채워져 있을 것이다. 책장을 보면서 이렇게 이야기 한다.

"책장에 꽂힌 책에 어울리는 사람이 되자."

무슨 효과가 있겠느냐고 말할 수도 있지만, 우리의 잠재력은 우리가 생각하는 능력 이상이다. 그런 단순한 반복을 통해 영향을 받은 무의식은 일상의 크고 작은 일에 영향을 미치게 된다.

또한 기분 좋은 독서로 마무리하는 잠자기 전 '1분'은 다음날 아침을 기분 좋게 시작할 수 있게 해준다. 믿고 한 번 해 보길 바란다. 별 것 아닌 것 같지만 기분 좋은 아침과 변화하는 당신을 느낄 수 있을 것이다.

잠자기 전 읽는 책들

10_ 실천독서의 GPS, 의도의 힘

「가장 위험한 것은 '안다'라는 착각이다.」

필자의 첫 책 〈나는 뇌섹남이다〉에서 쓴 문구이다. 이 글은 저자를 되돌아보면서 쓴 글이기도 하다. 일하다 보면 좋은 결과도, 때론 열심히 했다고 생각했는데도 실망 가득한 일도 많이 있었다. 그때 마다 내 발목을 잡았던 생각이 '나는 알고 있어'라는 착각이었다. 물론 일하면서 자신감도 있어야 한다. 하지만 내가 알고 있는 지식과 경험이 절대적으로 옳지 않다는 것을 인정하는 태도 역시 필요하다.

연속해서 좋은 성과를 내던 시절, 나는 사뭇 거만해졌고 다른 사람들의 조언을 듣지 않는 독불장군이 되어가고 있었다. 내 방식이 옳다고 생각했고 다른 사람들의 의견을 무시하며 내 방식대로 밀고 나갔다. 그러다 결국 씁쓸한 실패들을 경험하게 되었고 업무에서 벗어나 그저 관심사를 옮기기 위해 우연히 집어 든 톨스토이의 <사람은 무엇으로 사는가>를 읽다가 심장에 꽂히는 문구를 발견했다.

'사람에게는 자신에게 필요한 것을 아는 힘이 주어지지 않았습니다.'

문구의 마침표가 끝나기도 전에 내가 얼마나 무지한 독불장군에 불과했는지 통감했다. 그렇다고 무기력하고 무지한 상태로 손을 놓고 있을 수는 없었다. 톨스토이의 말처럼 사람에게 자신에게 필요한 것을 아는 힘이 주어지지 않았을 수도 있지만, 필요한 것을 알아가겠다는 의도를 가지고 매 순간 노력할 수는 있다.

시간이 지나면서 톨스토이가 말한 자신에게 필요한 것을 아는 힘을 나는 독서의 힘으로 얻고자 했다. 현재 읽고 있는 책이 앞으로 내가 해나갈 일들에 '필요한 것'을 주고 있다는 확신과 그런 것들을 얻고자 하는 의도를 가지고 책을 읽는 것이다.

의도성을 가지고 책을 읽는다는 것은
목표를 향해 나아가는 미사일에 GPS 좌표 주파수를
보내는 것과 같다.

다음은 그런 의도를 가지고 책을 읽는 방식이다.

1. 책의 비어있는 첫 페이지에 읽은 날짜와 그 책에서 받고 싶은 메시지를 적는다. 그리고 책 속의 인상적인 문구를 정리해 둔다. 어떤 경우에는 메모한 첫 페이지만 읽고도 책 한 권을 읽은 효과를 본다.

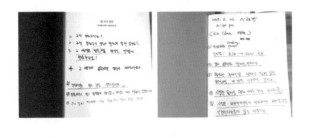

2. 페이지 별로 좋은 내용이 있으면 책 오른쪽 윗부분을 접어둔다. 그렇게 하면 두 번째 읽을 때 그 부분은 다시 한 번 숙성해서 보게 되어 더 깊은 생각을 하게 된다. 물론 그 페이지에 밑줄이나 생각나는 아이디어를 메모해 두면 훨씬 기억에 오래 남고 아이디어를 실천하는데 큰 도움이 된다.

3. 같은 책을 2번째 읽다 보면 처음에 눈에 들어오지 않던 부분이 머리에 꽂힐 때가 있다. 그럴 땐, 페이지 윗부분을 두 번 겹쳐 접어둔다. 그러면 처음 읽었을 때, 좋았던 부분과 두 번째 읽었을 때 좋았던 부분을 구분할 수 있다.

4. 포스트잇을 활용하는 방법이다. 나는 책을 보통 책꽂이에 넣거나 쌓아두는 편이다. 내용의 키워드를 적어서 책 윗부분에 포스트잇에 적어 키워드 부분이 책 위로 보이게 붙여둔다. 아이디어를 얻거나 글을 쓸 때, 책 위에 나열된 키워드를 보고 아이디어를 얻는 경우가 정말 많다.

독서는 의도를 가지고 하는 것이 중요하다. 사람에게는 자신에게 필요한 것을 아는 힘이 주어지지 않았으므로 조금이라도 더 알고자 의도를 세우고 깊게 파고드는 독서의 힘을 믿어야 한다.

11_ 한 권의 책을 다독하는 힘

한 가지 질문을 던지겠다. '여러분은 무엇을 위해서 책을 읽는 가?' 사실 책을 읽지 않는 가장 큰 이유는 책을 읽는 '목적'이 없기 때문이다. 특별한 목적이 없다면 독서를 하겠다는 계획은 금세 포기하기 쉬운 일이 된다. 돈을 모으는 목적이 있으면, 돈을 저축하는 강한 동기가 생기듯이 독서도 목적을 명확히 해야 강렬한 동기가 생기는 법이다.

목적이 있다는 것은 내가 무엇을 원하는지 안다는 것이다. 그래서 독서는 다독도 중요하지만 자신에게 필요한 한 권의 책을 정독하는 것이 정말 의미가 있다.

MIT 미디어 랩의 니콜라스 네그로폰티는 이렇게 말했다.

"나에게 필요한 것은 500개의 TV 채널이 아니다. 내가 보고 싶은 프로그램을 하는 한 채널이다."

이 훌륭한 명언을 나는 이렇게 바꿔 표현해 보고 싶다.

"나에게 필요한 것은 500권의 책이 아니다. 나를 변화시키는 한 권의 책이다."

나는 네빌고다드의 <상상의 힘>, 김상운의 <와칭 1, 2>, 디펙 초프라의 <우주의 리듬을 타라>와 같은 영성에 대한 동일한 책을 반복해서 자주 읽는다. 나의 잠재력을 이끌어주고, 의식을 확장시킬 수 있는 힘을 주기 때문이다. 다독을 하면서도 중간 중간 끼워 넣어 반복읽기를 하는 책들이기도 하다.

주위에 보면 책을 많이 읽고도 책의 내용을 기억 못하는 사람들이 더러 있다. 책을 읽었어도 내용을 잊어버리면 의미가 없다. 책은 읽고 있지만 내 삶이 늘 똑같다면 내가 생산적인 책 읽기를 하고 있는지 되짚어봐야 할 일이다.

비생산적인 사고는 시간 낭비이다. 많이 생각한다고 해서 좋은 생각이 떠오르는 것은 아니다. 마찬가지로 비생산적인 독서도 시간 낭비인 셈이다. 많은 책을 읽는다고 해서 지혜가 쌓이는 것은 아니기 때문이다. 단 한 권이더라도 자신의 삶에 긍정적인 변화를 만들어냈다면 그것이야말로 제대로 된 독서라 할 수 있다.

모든 변화는 의식이 변해야 나타난다. 따라서 진정으로 변화를 원한다면 의식의 깊은 곳인 무의식의 영역까지 영향을 미쳐야 한다. 그것이 책 한 권을 다독해야 하는 이유다. 정말 당신이 감동받고, 변화해야겠다고 느끼는 책을 발견했다면 (사실, 그런 책을 발견하는 것은 다독을 통해서만 가능하다), 바로 그 책을 곁에 두고 반복해서 정독하기를 당부하고 싶다. 자기 전에 읽으면 더욱 좋다. 수면 중에도 우리의 뇌는 계속 활동하고 있고, 의식의 방해가 없으므로 그 내용을 무의식에 저장하기가 더 쉬워진다.

좋은 책 한 권 다독해야 하는 또 다른 이유. 사람은 망각의 동물이기 때문이다. 헤르만 에빙하우스의 망각곡선을 보자.

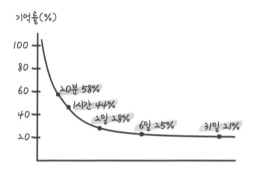

헤르만 에빙하우스의 망각곡선은 시간의 흐름에 따라 기억이 어떻게 감소하는지를 그래프로 보여준다. 얼마 지나지 않은 초기 단계의 망각률이 높고, 장기로 갈수록 잘 잊어버리지 않는 경향을 보인다. 20분 후에는 42%를 잊고, 1시간 후에는 56%를 잊는다. 1일이 지난 후에는 74%를 기억하지 못한다.

우리가 책을 읽고 실천하기 힘든 이유는 그 내용을 빨리 잊어버리기 때문이다. 그렇기에 여러 책을 다독하는 것도 중요하지만 잊지 않고 실천해야 할 내용이 가득한 멘토 같은 책들을 곁에 두고 다독하는 것은 더더욱 중요하다.

그럼 다시 질문을 던지겠다.

'여러분은 무엇을 위해서 책을 읽는가?'

그 목적이 삶에 있어 긍정적인 변화를 위한 것이라면 한 권의 책을 다독하는 꾸준함으로 저자의 가르침을 온전히 내 것으로 만들자.

12_ 책은 소유하면서 활용하는 것

"10년 전에 산 건데 사용도 하지 않고 그대로 있는 것도 있고, 이제 더 이상 입지도 않는 옷인데 비싸게 준 옷이라 버리지 못하고 보관하고 있었어요. 버리기도 그렇고 가져가자니 너무 많고..."

얼마 전 후배가 해외로 이사를 하면서 한 말이다. 이때까지 살아오면서 모아둔 것들을 정리하는 게 그렇게 힘든 줄 몰랐다고 하면서.

우리가 정리를 하는 목적은 물품을 보관하기 위해 하는 것이 아니라 잘 활용하기 위한 것이다. 그런데 우리는 정리를 보관하는 것으로 알고 주어진 공간을 쓰지도 않는 물건들로 차곡차곡 채워가며 살아간다.

정리만 그럴까? 책도 마찬가지다. 읽기 위해 사는 것이 아니라, 느끼고 배우고 실천하기 위해 읽는 것이다. 다른 말로 표현하면, 책에 담긴 지식과 저자의 경험을 머릿속에 저장하기 보다는 그 지식을 지혜로 활용하기 위한 것이다.

이렇게 독서의 목적을 활용과 실천에 맞추다 보면, 책을 보는 습관도 변하게 된다. 남들이 다들 좋아하는 책이라고 해서, 내가 좋아하는 책이 될 수는 없다. 모든 사람들이 베스트셀러를 읽는 다고 따라갈 필요도 없다. 베스트셀러라고 해서 구입은 했지만 첫 장을 펴보지도 않은 채 방치되어 있는 이유는 유행하는 옷이 내게 어울리지 않는 것처럼 그 내용이 지금 내게 필요한 내용이 아니기 때문이다.

이렇듯 제대로 활용하기 위해
소장할 책의 권수를 정하는 것이다.

책도 옷과 같은 방식으로 관리하는 셈이다.

옷은 입기 위해 보관해야 맞다. 그런데 대부분의 경우는 많은 옷들이 보관만 된 채로 활용되지 않는다. 더 이상 몸에 맞지 않거나 유행을 따라서 무리하게 산 옷들이기 때문이다. 그렇다고 처분하자니 본전 생각이 나 망설이게 되면서 옷장에 보관하는 옷의 개수가 점점 늘어난다. 하지만 늘 상 입는 옷은 정해져 있기 때문에 많은 옷들이 보관을 위한 보관을 하는 셈이 되어버린다.

이럴 때 정리정돈 전문가들이 추천하는 방법이 있다. 자신이 활용하는 옷들만 남겨두고 그 옷걸이 수를 세어본 다음 그 후로는 옷장의 옷걸이 수를 일정하게 유지하는 것이다. 필요한 옷을 사면, 입지 않는 옷은 기증하거나 버리는 방법을 통해 옷걸이 수를 유지한다. 또한 옷을 살 때도 자신에게 어울리면서 입으면 기분 좋은 옷을 신중히 구매해 입지 않고 보관만 하게 되는 불상사를 없애라고 조언한다.

나는 옷을 관리하는 효율적인 방법을 책에도 적용시켰다. 현재 집에 소유하고 있는 책이 80권정도 된다. 책을 읽을 때 줄도 긋고 메모도 많이 하는 편이라 빌려보기보다는 구매하는 편이다. 구매 시에는 주로 인터넷 서점을 활용하고 있다. 미리 보기를 통해 대강의 내용을 확인할 수 있고 주문이 쉬우며 배송도 빠른 편이라 편리하다.

일주일에 2권 이상 구매하지만 보유하고 있는 책의 권수가 늘어나지는 않는다. 이유는 들어오는 책과 나가는 책의 수가 거의 동일하기 때문이다. 한 달에 한 번씩은 들어오는 책만큼 내보낼 책을 선택해서 중고서점에 팔거나 기증을 하고 있다.

상황이 이렇다 보니 내 책장은 늘 변화무쌍하다. 책장의 책들이 바뀔 때마다 내 삶도 그만큼 다양하게 변화를 위해 노력하고 있는 셈이다. 정체되지 않은 역동적인 기운, 이는 책장뿐 아니라 내 삶 전체에 담아 내고픈 활력이라 할 수 있겠다.

13_ 독서체력

난 초등학교, 중학교 시절 육상선수를 했었다. 어릴 적엔 소질도 있었고, 운동을 좋아했기에 수업을 마치고 늦게까지 훈련하는 게 정말 재미있었다. 하지만 기본적인 체력인 근력, 지구력, 순발력을 높이기 위해서는 소질이상의 피나는 연습이 필요했다. 운동 특성에 맞는 근육도 이런 훈련을 통해 단련이 되는 셈이다.

독서에도 운동할 때와 같은 체력이 필요하다. 바로 독서체력이다. 독서체력도 운동체력과 마찬가지로 훈련을 통해 단련할 수 있다. 읽다 보면 자연스럽게 생기기도 하지만, 의도를 가지고 키우면 쉽게 키울 수 있는 체력이기도 하다.

다음은 실천 독서를 하는데 필요한 세 가지 독서체력이다.

1. 책을 꼭 끝까지 읽지 않아도 되는 힘 (독서 근력)

근력과 같은 개념의 힘이다. 근력은 근육이 한 번에 내는 근육의 힘이다. 책 읽기에도 그런 힘이 필요하다. 소설과 같은 전체 흐름을 알아야 하는 책들은 예외이겠지만 자기계발서나 실용서의 경우에는, 책을 구매했는데 내용의 일부만 매력적인 경우가 있다. 그럴 때는 책을 끝까지 읽을 필요가 없다. 원하는 부분만 읽어도 좋다.

책값을 아까워하며 구매한 책을 억지로 끝까지 읽는 시간은 더 아깝다. 시간이 돈이다. 자신에게 지금 필요한 내용이 무엇인지 알고 하는 발췌독서를 통해 '하나의 메시지를 제대로 소화해내는 것', 이것이 독서 근력을 키우는 효과적인 방법이다.

2. 끝까지 읽을 수 있는 힘 (독서 지구력)

지구력은 장시간 할 수 있는 능력이다. 독서로 치면 한 권의 책을 끝까지 읽을 수 있는 능력이다. 모든 책을 다 읽을 필요는 없지만, 자신에게 필요하거나 느낌이 좋은 책은 끝까지 읽는 것도 중요하다. 또한 이런 책들은 곁에 두고 반복해서 정독하면 더욱 효과적이다.

3. 짧은 시간에 키워드만 읽고 되새김질하는 힘 (독서 순발력)

순발력과 같은 개념이다. 순발력은 순간적으로 강한 힘을 발휘하는 능력이다. 잠자기 전 1분독서, 자투리 시간 독서가 여기에 해당된다. 자투리 시간에 밑줄 그은 부분만 다시 읽어보는 것처럼 짧은 시간에 하는 밀도 있는 독서를 말한다.

별 것 아닌 것처럼 보이겠지만 책 읽기를 무의식과 잠재력의 영역으로 연결 할 수 있는 좋은 방법으로 이제껏 내게는 수많은 영감을 선물한 독서방법이다.

14_ 자기만의 렌즈로 읽기

초등학교 때 처음 방문한 천문대에서 본 밤하늘. 이전까지 내가 본 밤하늘의 느낌을 바꾸어 놓았다. 그래서 어릴 적 내 소원은 망원경을 갖는 것이었다. 렌즈를 통해서 보는 세상에 대한 호기심이 가득한 시기였다. 멀리 보이는 별과 달을 본다는 게 신기하기도 했고 세상에는 내가 보는 것 이상이 있다는 것을 느낄 수 있어 더욱 가지고 싶었다.

렌즈의 힘을 빌어서 내가 볼 수 없었던 우주를 만끽하고자 하는 염원.

나는 가끔 책을 읽을 때에도 내 눈에 보이는 '고정관념'이라는 시선을 내려놓고 나만의 렌즈를 이용해 내가 보지 못했던 그 무언가를 발견해내기도 한다.

예를 들면 이런 식이다. 진화론에 관심을 가지고 <종의 기원>을 읽고 있을 때였다. 당시 백화점 내부를 구성하는 MD를 담당하고 있을 때여서 새로운 시각이 무척 필요할 때였다. 이런 고민을 가지고 책을 읽던 중, 적자생존 부분에 나오는 다음 문구를 읽으면서 유레카를 외친 기억이 난다.

'인간은 변종을 창조해 낼 수도 없고, 또 변종의 발생을 막을 수도 없다. 다만 그것이 발생한 것을 보존해서 누적시킬 수 있을 따름이다. 인간은 무의식적으로 생물을 새로운 환경에 옮겨 그 생활조건을 변경시킴으로써 그 결과로 변이가 발생하지만, 그러한 생활조건의 변화는 자연 아래서도 이루어질 수 있으며, 또 사실 일어나고 있다.'

이 문장을 당시 진행하던 프로젝트 상황에 맞게 단어를 대입하고 해석해 보았다.

'우리는 <u>온라인 트렌드</u>를 창조해 낼 수도 없고, 또 <u>온라인 트렌드</u>의 발생을 막을 수도 없다. 다만 그것이 발생한 것을 도입해서 발전시킬 수 있을 따름이다. 우리는 무의식적으로 브랜드를 새로운 환경에 옮겨 그 <u>영업환경</u>을 변경시킴으로써 그 결과로 새로운 <u>트렌드(수요)</u>가 발생하지만, 그러한 <u>영업환경</u>의 변화는 고객의 <u>선택</u> 아래서도 이루어질 수 있으며, 또 사실 일어나고 있다.'

밑줄을 그은 부분은 진화론에 나오는 내용을 내게 필요한 단어들을 넣어서 구성한 문장들이다. 다윈의 자연 선택이 '고객 선택'이라는 키워드로 멋지게 구성되었고, 프로젝트의 전체적인 방향이 설정되었다. 결과적으로 당시 누구도 생각지 못했던 온라인 브랜드들을 백화점으로 입점시키면서 업계에 큰 이슈가 되었다.

**문제를 해결 해야 한다는 의도를 가지고
새로운 시선으로 바라보면 생각지도 못하게
책에서 문제의 답을 얻을 수 있다.**

아무리 머리를 짜내도 문제의 해결책이나 아이디어가 떠오르지 않을 때는 책 읽기를 통해 힌트가 될 만한 단서를 얻을 수 있는 것이다.

시도해 보길 바란다. 여러분이 읽고 있는 책에서 인상 깊은 문장을 발견했다면, 자신만의 특별한 단어를 넣어서 읽어 보는 것이다. 생각지 못 했던 아이디어가 떠오르거나 너무나 간단한 해답을 찾게 될지도 모른다. 이것이 바로 나만의 렌즈가 주는 통쾌한 해답이다.

실천독서

변 화

행복해 지기 위해 변화를 선택했다.

변화를 어떻게 해야 하는지는 책을 통해

배우고 실천하고 있다. 지금도 계속…

01_ 책으로 만드는 삶의 궤적

지금 생각해 보면 내 삶의 궤적은 내가 읽은 책들의 궤적과도 같다. 업무에 몰입하기 위해 읽었던 자기계발서들. 왕중추의 〈디테일의 힘〉, 폴 마이어의 〈아름다운 도전〉, 마르쿠스 헹스트슐레거의 〈개성의 힘〉과 같은 책에서 동기부여와 아이디어를 얻었다. 생각의 깊이와 이해를 위해 읽었던 로버트 루트번스타인과 미셸 루트번스타인의 〈생각의 탄생〉, 강상중의 〈고민하는 힘〉과 같은 책들은 내가 하는 생각의 패턴을 이해하면서, 더욱 새로운 사고와 나만의 고정관념을 걸러내는 연습을 하게 했다.

직장생활을 처음 시작하면서 업무에 대한 열정이 넘쳤고, 어떻게 하면 '일을 잘 할 수 있을까?'라는 생각에 관심이 집중되어 있었다. 그렇다 보니 처음엔 주로 업무에 관련된 자기계발서와 실용서 중심으로 책을 읽게 되었다.

한동안 치열하게 읽었던 자기계발서와 실용서에 대한 관심이 시들해질 무렵 문득 '생각은 어디에서 나오고 어떻게 작동 하는가'에 대한 관심으로 연결되었고 그런 관심은 '이 일의 본질은 무엇인가?'라는 질문으로 이어지게 되었다. 그러면서 자연스레 인문학 서적들을 접하게 되었고 그런 관심이 낳은 깊이 있는 독서 덕분에 예전의 나와는 다른 확장된 관점을 가진 사람이 된 듯한 느낌이 들었다.

동료들로부터 '어떻게 그런 생각을 하게 됐어? 신기해!' 라는 말을 들을 때마다, 나의 남다른 아이디어의 근간이 되는 '독서'의 힘에 더욱 매료되었다. 우연히 본 책에서 우연히 떠올린 아이디어가 현실에서 제대로 작동될 때의 감정이란 어떻게 표현할 수가 없다. 크고 작은 프로젝트에서의 성공이 회사에서도 좋은 결실로 나타난 덕분에 독서의 힘에 대한 신뢰는 점점 더 굳어져갔다.

하지만 열심히 애써도 되지 않는 것들이 있었다. 사람들과의 관계였다. 일에 대한 성과에 집착할수록, 높은 포지션으로 올라갈수록 사람들과는 멀어졌다. 나는 가만히 있는데 왜 나를 가만 놔두지 않을까 하는 묵직한 감정 때문에 늘 힘들었다.

'무엇이 나를 괴롭히지?'
'무엇이 나를 행복하게 만들지?'

늘 그랬듯 그 해답 역시 책에서 찾고 싶었다. 그때 그런 나를 이해할 수 있도록 도운 사람들이 네빌 고다드, 조셉머피, 웨인 다이어, 디팩 초프라, 바이런 케이티였다. 물론 책으로 말이다. 조셉머피가 말하는 자신의 잠재의식의 힘을 받아들이고, 네빌 고다드가 말하는 자신의 상상력의 힘을 믿으며, 디팩 초프라의 행복한 성공을 향한 에너지와 바이런 케이티의 나를 사랑하는 방식을 이해하게 되면서 나의 삶은 서서히 변해갔다.

네빌 고다드, 조셉머피, 웨인 다이어, 디팩 초프라, 바이런 케이티가 쓴 책과의 만남은 근본적으로 나를 이해하고 사랑하는데 도움을 주었으며, 내게 결핍되어 있던 사랑과 배려, 이해심을 채워 줌으로서 사람들과의 관계가 개선되기 시작했다.

결국 많은 자기계발서를 읽어왔지만, 내게 가장 절실했던 자기계발은 '나 자신을 사랑하는 일'이라는 단순하지만 어려운 진리를 깨닫게 된 것이다. 다음은 바이런 케이티의 책 '나는 지금 누구를 사랑 하는가'에 나오는 구절이다.

'우리는 우리 자신과 사랑에 빠집니다. 그 사랑이야말로 있는 그대로의 유일한 사랑입니다. 나는 내 안에서 나와 결혼하고, 나 자신을 사랑합니다. 그리고 그 사랑을 모든 사람에게 투사합니다.'

　돌이켜보면 내가 읽어온 책들을 통해 나라는 사람의 정체성이 확실해졌으며 내가 읽어온 책의 궤적이 내 삶의 궤적을 만들어 준 셈이다.

결국 이제껏 내 삶의 궤적은 독서를 통해 이루어졌고 지금도 이루어지고 있으며 앞으로도 이루어질 것이다.

02_ 명상, 마음을 함부로 방치해 두지 않기

내가 아는 후배에게서 들은 말이다.

"선배는 꼭 자기계발서에서 튀어나온 사람 같아요."

입가에 미소가 잔잔히 흐른다. 뒤돌아보면 틀린 말은 아닌 듯하다. 직장을 다니면서 자기계발서를 보면서 많은 것을 배우고 실천했다. 부족한 부분이나 답답한 것이 있으면 책부터 사서 읽으면서 따라 해 보고, 실천해 보았다. 효과가 있다고 생각되면 후배들이나 동료들에게 적극 추천도 한다.

나는 평범하다. 그렇기 때문에 비범한 사람들의 가르침을 따라서 실천해 보고, 내 것으로 소화시켜 나의 경쟁력으로 만들어야 한다고 생각한다. 그 중에 하나가 명상이다. 내가 명상을 접하게 된 것도 책을 통해서이다.

직장생활을 7~8년 정도 했을 때, 내 두뇌에는 두 가지 증상이 있었다. 편두통과 블랙아웃 증상이다. 업무가 많아 스트레스가 쌓이는 날이면 어김없이 찾아오는 편두통은 머리 뒤쪽을 송곳으로 찌르는 것 같은 극심한 통증을 수반하며 찾아오곤 했다. 그나마 편두통은 나았다. 진통제의 힘을 빌릴 수 있었기 때문이다.

무엇보다 나를 힘들게 만들었던 건 '블랙아웃' 현상이다. 마치 과음 후 발생하는 블랙아웃 현상처럼, 중요한 일이나 뜻대로 일이 되지 않으면 마치 환한 방에 빛이 들어오지 못하도록 검은색 커튼을 쳐놓은 듯 생각이 마비되는 블랙아웃 현상이 생겼다. 그 상황에서는 '아무것도 생각하고 싶지 않아'라는 생각 외에는 더 이상 생각을 진전시킬 수 없었다. 문제는 이러한 블랙아웃 현상이 매우 중요한 상황에서 반복해서 발생한다는 점이었다.

이렇듯 상황이 심각하다 보니 뇌와 머리 관련 정밀검사를 여러 번 받았지만 돌아오는 의사의 답변은 '아무 문제없다'는 말 뿐이었다. 너무나 답답했다. 나 말고는 아무도 이해를 할 수 없는 상태였다. 외부에서 보면 멀쩡해 보였지만 결국 내면의 문제였다.

그렇게 여러 병원을 전전하다 의사가 못 고치면 내가 고쳐 보자는 마음으로 관련된 책을 찾기 시작했다. 그때 우연히 만났던 것이 명상에 관한 책들이다.

마음은 어떻게 오작동 하는가 (카루나 케이턴)
뇌를 움직이는 마음의 비밀, 명상에 답이 있다(장현갑)
존 카밧진의 처음 만나는 마음챙김 명상(존 카밧진)
마음챙김 명상과 자기치유 (존 카밧진)
몸과 마음을 정돈하는 명상의 기술 (장길섭)

나는 이 책들을 정독하기 시작했고 정독과 동시에 명상을 즉시 실천해 보았다. 처음에는 쉽지 않았다. 무엇보다 힘들었던 건 아무것도 하지 않고 앉아있는 것이 육체적으로 고단한 노동을 하는 것만큼이나 쉽지 않다는 것을 그 때 처음 깨달았다. 하지만 당시 편두통과 블랙아웃 현상으로 몸도 마음도 힘들었던 지라 뭐라도 해봐야겠다는 절박함 덕분에 포기하지 않을 수 있었다.

첫 1~2주는 15분간 앉아있는 자체에 의미를 두었다. 여러 가지 잡생각들이 수시로 떠올랐지만 결코 짧지 않았던 15분간 부동자세로 앉아 있었다는 것만으로도 나 자신을 격려해가며 꾸준히 실천했고. 두 달 째 되는 날, 신비한 경험을 했다. '내 안의 나'를 만나는 경험이랄까? 눈이 부을 정도로 눈물이 흘렀다. 그 이후, 더 놀라운 일이 일어났다. 그 동안 나를 그토록 괴롭혔던 편두통과 블랙아웃 현상이 사라진 것이다.

나는 요즘도 매일 15분~30분은 명상을 한다. 꾸준한 명상의 효과는 해 본 사람만이 알 수 있다. 명상 후 찾아오는 마음의 평화와 명상 중 뇌리를 스쳐가는 직관적인 아이디어들은 말로는 표현할 수 없을 정도로 신비하다. 무엇보다 한국의 의술로 고치지 못했던 편두통과 블랙아웃 현상이 사라졌다는 것만으로도 명상의 효과는 내게 경이로울 뿐이다. 이토록 경이로운 명상을 하게 된 계기도, 과정도 독서를 통해서이니 내게 있어서 독서는 역시 삶이자 치유이다.

03_ 모래시계 그리고 잠재력

어릴 적 소심한 성격이기도 했고, 뭔가를 시작하려면 생각이 많았다. 정말 괜찮은 사람이나 본받고 싶은 사람이 있어도 가까이 다가가서 말을 걸지도 못했다. 그런 나 자신이 못마땅했고 직장생활을 하면서 변화를 선택했다. 제한된 나를 정의하지 않기로 마음먹었던 것이다.

그런 나를 이렇게 성장시킨 힘이 독서를 통한 실천이었고, 그 배경에는 상상력과 잠재력의 힘에 대한 믿음이 있었다. 네빌고 다드, 조셉머피, 나폴레온 힐, 제임스 엘런의 책에 빠져들어 읽으면서 내 안의 잠재력을 밖으로 끌어낼 수 있다는 확고한 믿음을 가지게 되었다. 그 믿음에서 시작된 작은 실천들이 이토록 변화한 나를 만들어냈다.

　이것은 모래시계의 원리와 같다. 여러분의 머릿속으로 모래시
계를 상상해 보기 바란다. 아랫부분과 윗부분을 연결하는 좁은
통로로 모래 한 알씩 지나간다고 하자. 윗부분에 있는 많은 모래
는 시간이 지나면 아랫부분에 계속 쌓이게 된다.

　모래 한 알씩 지난 간 것뿐인데, 시간이 지나면 '언제 이만큼이
나 쌓였지?' 하고 놀랄 정도다. 책을 읽으면서 실천의 힘도 같은
원리이다. 모래시계의 윗부분은 잠재력이 되고, 아랫부분은 하
나의 실천을 통해 이룬 Out-put, 즉 누적된 성과가 된다는 것이
다. 이처럼 실천 독서는 잠재력과 상상력을 현실로 이끌어내는
원동력이 된다.

　나폴레온 힐은 이렇게 말한다.

'인간이 무엇인가를 만들어 내거나 성취할 수 있는 것은 처음부터 무엇인가 소망하고 있었기 때문이다. 소망은 희미한 추상적 세계에서 상상력의 작용을 통해 점점 구체적 세계로 발전하여 그 달성 계획이 만들어지며 결합된다.'

나폴레온 힐이 말한 상상력과 달성 계획을 결합해 주는 것이 '실천'인 것이다.

네빌 고다드는 <상상의 힘>에서 이렇게 표현했다.

'세상에는 오직 한 가지 상상력이 있을 뿐이고 거기서부터 우리의 모든 것은 변형되어 나왔습니다.'

네빌이 말한 상상력을 변형시켜 현실로 나오게 하는 것 역시 '실천'이다.

다음은 조셉머피가 <잠재의식의 힘>에서 한 말이다.

'당신이 잠재의식은 무한한 힘을 가지고 있습니다. 잠재의식은 당신을 고무하며 인도하고, 기억의 창고에서 생생한 장면을 불러냅니다."

조셉머피가 말한 까마득히 잊고 있었던 기억의 창고에서, 가슴 뛰는 장면을 불러내는 것 또한 '하나의 실천'인 셈이다.

경험에 의하면 아주 작은 실천이
결국 대단한 결과를 만든다.

건강을 위해 꾸준히 실행하는 10분 동안의 스트레칭, 만나는 동료들에게 미소를 보이는 것, 잠자기 전 1분 독서, 마음에 드는 책장 꾸미기, 하루 15분의 명상 그리고 아이디어의 조각들을 메모하는 것 등 별 것 아닌 실천들이 모여 시간이 지나면 기대 이상의 성과와 성취를 이룰 수 있게 된다.

내가 찾는 기회는 내 상상력과 잠재력 안에 있다. 내 상상력과 잠재력은 독서를 통해 무한해지며 무한해진 상상력과 잠재력을 실현시키는 것이 '모래시계처럼 깨알 같은 실천'의 힘이다.

04_ 곁에 있는 책의 힘

'현재 상황에서 길을 잃었다는 느낌이 든다면?'
'곁에 있는 책을 들어라!'

책을 읽으라고 하는 독서에 관한 책들이 많다. 하지만 모든 사람들이 책을 읽을 필요는 없다. 책을 읽지 않고도 잘 사는 사람도 있고, 돈을 많이 버는 사람도 있고, 행복한 사람도 있다. 그런 사람들에게는 책을 읽는 것이 시간 낭비일 수도 있다.

반대로, 책 읽기를 지독히 싫어하는 사람에게 책을 읽히게 하는 것만큼 무모한 것도 없다. 오히려 반감만 살 뿐이다. 그런 사람들은 '그런 너는 책을 그렇게 읽어서 잘 사느냐?'고 반문할 것이다. 참으로 애매한 노릇이다. 잘 산다는 것의 기준도 각자 다르다 보니 아무리 설득해도 그런 사람들에겐 말문이 열리지 않는다.

　나도 고등학교 땐 책을 보는 것이 너무 싫었다. 얼마나 싫었던지 국어 점수는 거의 하위권(?)이었다. 그런 내가 책 읽기를 좋아하고 책까지 쓰게 되니 주위 친구들도 놀라는 건 어쩌면 당연한 일이다. 가출까지는 아니어도 학교를 몇 달간 안 나간 적도 있었다. 학교를 잘 다니던 모범생 같은 아이가 학교 가기 싫다고 집에서, 밖에서 방황하던 시절이 있었다. 어린 나이에 이렇게 사는 게 맞는지, 어떻게 살아야 할지 방황하면서 보낸 시기였다. 길을 잃은 느낌이었다.

　당시 집 한편에 있던 시집이 눈에 들어왔다. 별로 할 일 없이 의기소침해 있던 나는 아무 생각 없이 그 책을 집어 들었다. 처음 펴서 읽은 시가 롱펠로우의 인생찬가였다.

　지금 생각해도 생생하게 떠오르는 그때의 기억, 그리고 이상하리만큼 몸 속으로 흐르는 전율. 옆에 있던 이불에 기대어서 몇 줄 읽던 나는, 무의식적으로 자세를 바르게 하면서 한 단어, 한 문장에 빠져들고 있었다.

　방황한 시절에 만났던 책들. 물론 한 번에 그 변화를 겪은 것은 아니다. 삶의 방향에 대해 고민이 될 때마다 곁에 있는 책들을 집어 들었다. 오랜 친구와 얘기하듯이 말이다. 직장을 다니는 지금도 책의 힘을 믿고 의지할 때가 있다. 마치 잊고 있었던 것을 되새김질하는 느낌으로.

그런 책들에게 고마움을 많이 느낀다. 한 번씩 집에 들어오면, 사람의 머리를 쓰다듬듯이 책의 표지를 손으로 문지른다. '네 덕분에 내가 이렇게 행복하게 살고 있구나' 하면서.

현재의 상황에서 길을 잃었다는 생각이 든다면, 곁에 있는 책을 들어라.

어떤 책이라도 좋다. 소설이든, 실용서든 아니면 시집이든 아무 책이나 들고 관심을 기울여 보라. 세상의 신기한 일은 어떤 특수한 상황에서 일어나는 것이 아니라. 일상적인 삶에서 뜻하지 않게 일어난다. 그 책 속에서 뜻하지 않는 보물과 같은 생각과 감정을 만날 수 있다.

세상에 모든 일에는 의도가 숨어있다. 당신이 고민하는 그 사이에 당신 곁에 무심코 있는 한 권의 책이 당신 삶의 소중함을 일깨워주고 의미를 던져주는 보물이 될 수 있다

05_ 모든 것은 같은 식으로 다르다

책을 읽다 보면 긍정적으로 생각하라, 어려운 환경을 극복해야 한다, 다르게 생각해야 성공할 수 있다는 식으로 이야기를 한다. 틀린 말은 아니다. 그렇다고 직접 와 닿지 않아 어떻게 해야 할지 고민하는 경우도 많이 있다.

책 한 권 읽었다고, 좋은 내용이었다고 감동하고 느낌만 받으면, 뒤돌아 서서 남는 것(?)이 없는 상황이 되어버린다. 시간이 조금 지나면 저 책에 내용이 뭐가 있더라 하고 희미한 기억의 흔적만 찾아 헤매는 경우도 많다.

어쩌면 난 단순한 독서를 하는지도 모른다. 어떤 책이건 단 하나의 실천거리를 찾으니 말이다. 도움이 될 만한 '하나'는 내 것으로 만들어 보고 실천하려고 하는 셈이다. 필자의 첫 책 〈나는 뇌섹남이다〉를 쓸 때에도, 제일 먼저 한 일이 책 쓰기에 관한 책을 구매해서 읽는 것이었다.

책을 쓰기 위한 목표를 세웠을 때, 가장 먼저 한 것이 관련된 책을 살 정도로 무슨 일을 하던 책에서 실천을 위한 정보를 얻은 것이다. 말하자면 책을 쓰기 위한 일도 책을 보고 실천한 셈이 된다.

모든 것은 같은 식으로 다르다. 옷을 잘 입는 방법은 비싼 옷을 잘 입는 것보다 몸을 건강하게 가꾸는 것이 중요하고, 피부를 건강하게 보이게 하려면 화장을 잘 하는 것보다 몸에 좋은 음식을 먹는 것이 중요하고, 독서를 제대로 하는 방법은 여러 권의 책을 읽는 것도 중요하지만 직접 글을 써 보는 것이 좋다.

사실 몸의 체형을 적당하게 유지하면, 브랜드가 없는 싼 옷을 입어도 예쁘고 멋있게 보인다. 몸이 원하는 음식을 먹으면, 피부가 좋아져 간단한 화장만으로도 얼굴이 밝아 보인다. 마찬가지로 글을 써 보면 책의 단어, 문장, 접속사 같은 평소에 보이지 않았던 부분까지 관심이 생기고 첫 문장을 저자가 이렇게 시작했구나 하는 대화가 자연스럽게 되는 것도 느끼게 된다. 옷 입는 방법, 피부를 건강하게 하는 방법 그리고 책을 읽는 방법은 이렇듯 같은 식으로 다르다.

직장인들 하면 떠오르는 단어 중 하나가 '자기계발'일 것이다. 해마다 어학공부, 자격증, 운동 등 자기계발을 위한 계획들은 한 두 가지씩 세울 것이다. 조관일 씨의 책 <탁구영의 책 한권 쓰기>에 나오는 말이다.

'책 쓰기를 강조하는 사람마다 그 이유가 조금씩 다를 수 있습니다. 그러나 나의 경험으로 볼 때 책을 써야 하는 첫 번째 이유는 책 쓰기야 말로 '자기계발의 최고봉'이기 때문입니다.'

직장생활을 하면서 누구보다 자기계발에 열심이었다. 회사에서 업무에 대한 노하우로 교육도 하고, 틈틈이 동료들과 후배들에게 이야기도 해주고 있었던 시기였다. 후배들에게 전해 주고 싶은 노하우. '그래 이번 기회에 책을 한번 써보자!' 라는 욕망이 강하게 생겼다. 야근도 많았고 바쁜 시기였지만, 그런 상황이 마음속에 있는 글쓰기에 대한 욕망을 억누르지 못 했다. 글쓰기는 주로 주말을 활용했다. 토요일은 가끔 출근을 했기 때문에 토요일은 3시간, 일요일은 5시간 정도를 글쓰기에 시간을 투자했다. 일하면서 순간순간 메모해 둔 것이 글쓰기의 좋은 재료가 되어 주었다.

평소에도 메모를 많이 하는 편이다. 일할 때 생각나면 아이디어 노트에 적어 두고, 이동할 때에는 에버노트 앱을 활용했다. 에버노트는 직장을 다니면서 글을 써야 하는 상황에서 멋진 도구였다. 사실 이 글도 에버노트 앱을 활용해 적었다. 이동하는 짧은 시간에도 한 줄씩 적어 둔 것이, 나처럼 일하면서 글 쓰는 사람에게는 큰 도움이 된다. 독서를 할 때는 책의 여백에 바로 메모를 하는 편이다. 좋은 내용을 다른 독서 노트에 옮겨 적고 하는 것은 시간도 많이 들고 별도의 독서노트도 '활용'이 아닌 '관리'가 되기 쉽기 때문이다. 책을 통한 인사이트나 아이디어도 순간 포착해야 하는 경우가 많아 책을 하나의 메모지처럼 활용하는 편이다. 일본 최고의 독서가인 마쓰오카 세이고도 이렇게 말했다.

"책은 이미 텍스트가 들어가 있는 노트다."

그래서 별도의 독서를 위한 노트를 활용하는 대신에 책에서 저자와 대화하듯 책의 여백을 100% 활용하는 것이다. 어떤 책은 새까맣게 변할 때까지 메모와 밑줄을 그은 경우도 있다. 그렇게 해서 2015년에 첫 책이 나오게 되었고, 조관일 작가가 말한 자기계발의 최고봉을 실천하게 되었다.

요즘 일을 하면서 만나는 업무 파트너들에게 회사의 명함 대신에 내가 쓴 책을 준다. 상대방은 책을 받아서 좋고, 나도 명함을 줄 때 보다 나를 더 잘 기억하는 것 같아 덩달아 좋다. 책을 명함 대신 주다가 보니, 책으로 연결되는 또 다른 사람도 알게 된다.

소중한 인연도 만들어 주니 삶의 영양소가 되는 셈이다.

삶의 중요한 원동력은 성장이다.
성장하고 있다고 느낄 때에 더욱 동기부여가 된다.

직장인들이 직장에서 '성장'하고 있다는 느낌을 받지 못하면, 열정을 잃고, 이직을 생각하고 심한 경우 퇴사를 고민하게 된다.

하지만 그 성장이라는 느낌은 외부에서 만들어지는 경우도 있지만, 대부분은 내 마음속에서 자가 발전하는 느낌이 있어야만 오래 지속된다. 그런 자가발전으로 이룬 성장은 내가 이루고자 하고, 기대했던 결과를 맛볼 때 느끼게 된다. 그 결과는 작은 실천이 뒤따른 후에 일어난다.

회사를 다니면서도 책을 쓴 덕분에 도움이 많이 되었다. 업무로 만난 사람들이 개인적으로 좋은 인연으로도 이어졌고, 자기계발을 원하는 파트너들에게도 도움이 될 만한 조언을 해 줄 수 있어 일에 대한 만족감도 높았다. 무엇보다 책을 쓴 이후에 책을 읽는 자세도 변했다.

06_ 두 명 이상의 고용주를 선택할 수 있는 능력

"선배님, 현재의 직장을 다녀야 할지, 아니면 다른 곳으로 옮겨야 할지 고민이에요."

한동안 연락이 없던 예전에 다니던 직장의 후배에게서 연락이 왔다. 고민이 되는 상황에서 생각이 나서 전화를 한 것이다. 많은 직장인이 고민하는 문제이기도 하다. 물론 준비가 되면 당장이라도 사업을 하려는 마음도 있을 것이다. 하지만 현실은 그렇게 녹록치 않다. 그렇다고 이직하는 것도 현실적으로 쉽지만은 않다.

이럴 때 해주는 말이 있다. 한 직장에서 인정받는 능력과 두 명 이상의 고용주를 선택할 수 있는 능력이 있다는 것을. 10년 전만 해도 한 직장에서 인정받는 능력이 중요했다. 평생 다닐 수 있을 확률이 그만큼 높았기 때문이다. 하지만 최근에는 한 직장에만 다닌다고 생각하고 집착할수록 불안감만 커진다. 한 직장에서 인정받는다고 하더라도, 상사가 바뀌고 동료가 바뀌고 상황이 바뀌면 인정받던 능력도 기준이 바뀌게 되니 말이다.

하지만 직장인이지만 두 명 이상의 고용주를 선택할 수 있는 사람이, 그렇지 못한 사람보다 현재 다니는 직장에서 성과가 좋을 가능성이 높다. 두 명의 고용주를 선택할 수 있다면 스스로도 자기계발을 열정적으로 한 사람일 테고, 두 곳 중 그래도 현재 다니는 직장이 더 낫다고 생각해서 자신의 능력을 발휘할 수 있는 마인드가 강할 것이다.

우리의 삶은 선택의 연속이다. 중요한 건 여러 가지 선택지에서 선택을 할 수 있는 사람이 성과도 좋다는 것이다. 실천에 대한 방법도 여러 가지 선택지가 있다면 그 중에서 자신에게 맞는 것을 선택하는 것이 아웃풋이 더 좋은 셈이다. 이렇게 두 명 이상의 고용주를 선택하게 하는 능력은 조직 내에서 일만 한다고 주어지는 것은 아니다. 조직 내에서 일만 하면 인정은 받을 수 있지만, 여러 가지 선택지를 만들 수는 없다.

여러 가지 선택지를 만들 수 있는 능력은 실천하는 독서가 도움이 많이 된다. 왜냐하면 직장인이라면 조직 밖의 세상도 같이 공부해야 하고, 남다른 실천력도 가지고 있어야 하니까. 무엇보다 다양한 시각을 가지면서 실천을 하는 거라 세상을 더 넓은 스펙트럼으로 보게 되는 것이다.

그렇다고 필자의 방식이 옳다고 강요할 생각은 전혀 없다. 세상에 없는 새로운 지식과 노하우를 제공하는 것도 아니다. 책을 읽고 시도한 많은 방식 중에 실천에 도움이 된 효과적인 방식들을 제안하는 것이다. 당신의 실천 독서를 돕기 위한 방법들 중 효과적인 선택지가 하나 더 생기는 것이니 나쁘지 않은 선택인 셈이다.

제안하는 방법들을 부담 없이 그냥 술술 읽는 것도 좋고, 실천하고자 하는 의지가 생기면 두 번 읽으면서 머릿속에 들어온 주제부터 실천하는 것이 수월할 것이다. 물론 기본적으로 독서를 하고 있는 사람들에게 효율과 효과를 동시에 볼 수 있도록 도움을 줄 것이다.

여러 선택지를 만들 수 있는 저자의 실천 독서법은 다음의 3가지 방법으로 여러분의 변화에 도움을 줄 것이다.

1. 책을 읽으면서 스스로 실천할 수 있도록 도울 것이다.
내가 습득한 노하우는 내가 만든 것도 있지만, 독서를 통해 습득한 부분도 많이 있다. 그 중에서 스스로 소화한 방법들의 깨알 같은 노하우가 도움이 될 것이다.

2. 쉽게 시작하고, 지속할 수 있는 방법으로 진행할 수 있다.
책을 일상에서 꾸준히 읽는다는 것은 쉽지 않다. 그것도 실천을 통해서 자신을 변화시키는 것은 더욱 어렵게 와 닿는다. 그럴수록 쉽게 시작해야 하고, 즐기면서 지속할 수 있는 방법이어야 한다.

3. 좋은 기분을 유지하면서,
목표를 향해 실천할 수 있도록 도울 것이다.
많은 성공을 다룬 철학서에서 '생각하면 이루어진다.'라고 말한다. 틀린 말은 아니지만 생각과 이루어짐 사이에는 '실천'이라는 에너지로 서로 연결되어 있다는 것도 알아야 한다. 중요한 건 연결하는 실천의 에너지가 좋은 느낌이 들어야 한다. 중간에 포기하지 않기 위해서는 기분 좋은 상태를 유지하기 위한 노력도 무엇보다 중요하다. 당신은 선택할 수 있다. 이 책을 선택했듯이 원하는 직장도, 당신의 미래도 선택할 수 있는 것이다. 그리고 그것을 이루었다고 해서 삶은 끝난 것도 아니다. 하나가 실현되면 또 다른 꿈과 목표를 가지게 되니까.

07_ 검은 바나나와 독서

　필자에게는 폭식하는 습관이 있었다. 어린 시절 어렵게 살았던 환경이 먹는 것에 대한 욕망을 더 키웠다. 살찌기 쉬운 체질은 아니었지만 몸무게가 지금보다 15Kg 정도 더 나간 시절도 있었다. 회식을 하든, 집에서 식사를 하든 배고프면 일단 욕망의 눈금을 채울 때까지 계속 먹었다. 포만감으로 행동이 불편한 경우도 많았다.

　먹어야 생존할 수 있기에 먹는 것이 잘못은 아니다. 사람의 욕구는 살아남아야 한다는 생존의 욕구에서부터 시작하기 때문이다. 1943년 매슬로우(Maslow)는 인간 욕구에 대한 본질적인 접근을 시도했다. 매슬로우의 인간 욕구 5단계 이론이 그것이다. 인간은 누구나 다섯 가지의 욕구가 있는데, 이들 욕구들은 우선순위가 단계별로 있는 것이라고 매슬로우는 주장했다.

⑤ 자아실현의 욕구

↑

④ 존경의 욕구

↑

③ 소속감과 애정의 욕구

↑

② 안전의 욕구

↑

① 생리적 욕구

    단계별로 먹고, 자는 것과 같은 생리적 욕구가 우선적으로 해결되어야만 안전, 애정, 존경의 욕구가 뒤따르고 마지막으로 자아실현의 욕구로 이어진다는 것이다. 어릴 적 경험으로 나는 생리적 욕구가 정말 강한 사람이었다. 기회만 되면 일단 몸 속에 에너지를 많이 비축해 놓아야 한다고 생각했다. 마지막의 자아실현은 영어로 Self-Actualization이다. 말하자면 자신을 표현하고 자기만족을 밖으로 실현하는 것이다.

책을 접하면서 생각이 점차 변하기 시작했다. 책을 읽는다는 것도 자아실현을 위한 행위이다. 내 안의 존재감을 밖으로 펼쳐 내기 위한 욕망의 소박한 행위인 것이다. 책을 보면서 그런 상황을 상상하고, 동기부여가 되면서 그런 나를 만들어 가는 과정인 것이다. 책을 읽는다는 행위 자체가 자아실현의 한 방법인데, 생각해 보면 건강해야 자아실현도 멋들어지게 할 수 있는 것이다. 책에서 반복되게 던져주는 메시지들이 행복한 삶을 살아라, 경제적으로 풍족한 삶을 살아라, 여유를 가지고 현재를 즐겨야 한다는 자기실현적 결과들을 그려주고 있다. 하지만 여기에는 필요조건이 있다. 건강이다. 건강해야 자기실현의 결과를 누리면서 살아갈 수 있다.

내 몸을 귀하게 여기는 것이 독서의 첫걸음이다.

내 몸을 귀하게 여겨야 자기실현을 도와주는 책도 귀하게 여길 수 있다. 책도 그렇게 귀하게 여기는 사람을 좋아한다. 사실 배부른 상태에서는 책을 읽을 때는 집중이 되지 않는다. 폭식을 하면 더욱 아무것도 할 수 없는 상황이 된다.

내 경험으로는 책을 읽으면서 폭식도 줄었다. 거의 하지 않는 편이다. 내가 봐도 신기하다. 책을 대하는 첫걸음이 내 몸을 귀하게 여겨 적당한 양의 음식으로 대해 주는 것이다. 그렇다고 소식을 하라는 것도 아니다. 폭식도 아니고 소식도 아닌 적식, 적당한 식사이다. 아침 시간은 나에게 너무나 소중한 시간이다. 특히 오전 시간은 먹는 양을 최소로 하면서 글쓰기나 독서에 집중하는 편이다.

보통 아침은 바나나 두 개로 간단하게 식사를 한다. 그것도 검은 바나나로. 검은 바나나는 노란 껍질에 검은 점인 슈가 스폿(Sugar spot)이 생긴 바나나이다. (아침에 그냥 먹던 노란 바나나도 쓰루미 디카후미가 쓴 〈하루 한 개, 검은 바나나〉라는 책을 보면서 검은 바나나로 바꾼 것이다.)

노란 바나나는 숙성되기 시작하면 슈가 스폿이 생기는데, 이때 몸에 좋은 효소가 증가되고 항산화 작용이 강해져 건강에 더욱 좋아진다. 간단하지만 건강한 아침을 보내는 멋진 방법인 셈이다. 아침독서에 집중할 수 있도록 해주는 검은 바나나의 힘이다.

아침에 먹는 검은 바나나

책도 우리의 마음을 오롯이 이해한다. 우리가 책을 읽지만, 책도 그런 우리의 마음을 읽는다. 독서는 책과 마주하는 자리이면서 서로의 에너지를 주고받는 시간이다. 독자가 준비한 마음만큼 책도 느낌을 던져주고, 건강한 몸을 유지할수록 더 건강한 생활을 하도록 메시지를 준다.

Give and Take! 책과 주고받는 매력적인 에너지. 이런 느낌을 정말 좋지 않은가.

08_ 숨쉬기, 걷기, 먹기 : 책으로 다시 배운 것들

숨 쉬고 걷고 먹는 것은 너무나 본능적이어서 그것을 배운다는 것조차 웃음이 나올 수 있다. 사람은 태어나면서 자연스럽게 숨 쉬고 시간이 지나면서 걷는 것을 배우면서 자연스럽게 걷게 되고, 배고픔의 본능은 영양분을 섭취하라고 끊임없이 재잘거리기 때문이다.

문제는 숨 쉬고 걷고 먹는다는 것이 본능적이라는 것이다. '본능적'이기 때문에 배운다는 생각을 쉽게 하지 못한다. 이 글을 쓰기 위해 숨 쉬고 있고, 책상까지 걸어왔으며 에너지를 얻기 위해 간단한 식사를 했다.

사회생활 초창기엔 성격도 급한 편이었다. 그런 성격 때문에 같이 일하는 직원들이 힘들어할 때가 많았다. 단지 열심히, 열정적으로 한다고만 생각했지 주위 사람들을 생각할 엄두를 내지 못했다. 주위의 동료들은 그저 마음의 갈등을 꾹 누른 채 생활했다는 것을 나중에 알게 되었다.

운동을 좋아한 나는 주말이면 한강을 뛰면서 스트레스를 풀었다. 한 번씩 찾아오는 두통이 있었기에 조깅은 더없이 좋은 운동처럼 보였다. 그렇게 뛰기 시작한 것이 해마다 서너 번 정도의 마라톤 대회에 참여하기도 했다.

담배를 피우지 않아서 담뱃값이 들어가지 않는다고 생각하겠지만, 간식 특히 빵을 사느라 담배를 피우는 사람보다 지출이 더 많았다. 빵을 지독히 좋아했던 나는 식사를 하고 나서도 빵은 디저트로 생각해서 식사량만큼 먹는 날이 많았다. 정말 밥 들어가는 위와 빵이 들어가는 위가 별도로 있다고 생각될 정도로.

급한 성격, 마라톤 그리고 빵. 내가 이 세 가지에 대해 이야기하는 이유가 있다. 급한 성격은 빠른 호흡을 동반하고 마라톤은 관절에 이상을 주었으며, 빵은 나에게 필요한 몸무게보다 거의 15kg이나 더 나가게 만들었다.

존 맥스웰의 <사람은 무엇으로 성장 하는가>에 나오는 문장이다.

'심리학자 에이브러햄 매슬로는 "자신이 될 수 있는 사람보다 조금이라도 못한 사람으로 남아 있으면 하루하루가 불행의 연속이 될 것"이라고 했다.'

' 자신이 될 수 있는 사람', 강렬하게 와 닿은 이 말의 여운이 오래갔다. 아니 정확히 '자신이 될 수 있는 사람보다 조금이라도 못한 사람'이라는 말이 마음을 더 흔들어 놓았다.

나의 성장을 방해하는 것은 외부의 환경이 아니라 나 자신이라는 사실.

자신이 될 수 있는 사람보다 못한 사람으로 만드는 것은 나라는 사실을 인식하면서 기본부터 다시 배웠다. 그것도 태어나면서, 본능적으로 알게 되는 것들의 기본을 말이다. 인간은 태어나면 배로 하는 복식 호흡을 한다. 하지만 시간이 지나면서 가슴으로 하는 흉식 호흡으로 바뀌게 된다. 말하자면 배까지 들어갔던 공기가 성장하면서 가슴까지만 들어가고 나오는 얕은 호흡을 하는 것이다.

숨 쉬는 방법부터 다시 배웠다. 단전이라 말하는 배꼽 부분까지 깊은 숨을 쉬면서 호흡을 되도록 길게 내뱉는 방식인 복식호흡을 일상에서 사용하게 되었다. 처음에는 자연스럽게 되지 않아 의식적으로 했지만, 한 달 정도 지나니 자연스럽게 복식 호흡을 하게 되었고, 호흡도 길고 깊게 하게 되었다.

팔자로 걷던 걸음도 문제였다. 뛰는 것도 약간의 팔자이다 보니 무릎에 통증이 심했다. 몸의 균형이 무너지는 것이 느껴졌다. 몸의 밸런스를 맞추기 위한 '제대로 걷기' 부터 다시 배웠다. 마치 어린아이처럼, 제대로 된 걸음걸이를 위해서 연습하고 또 연습했다.

운동을 열심히 하는 게 중요한 게 아니라 제대로 하는 것이 중요하다는 것을 알게 된 계기도 되었다. 보폭도 2배로 늘렸다. 키에 비해서 보폭이 좁았기에 하루 2만보 가까이 걸으면서 걷기 연습을 한 것이다. 빵을 좋아해서 불어난 체중은 내 몸의 상태를 알고 나서 끊기 시작했다. 하루에 1일 2식을 시작했고, 탄수화물 섭취도 대폭 줄였다. 배가 고프더라도 되도록이면 빵이나, 밀가루 음식으로 배를 채우지는 않는다. 그때부터 하루에 세끼를 먹지 않아도 된다는 것, 꼭 시간에 맞추어 식사를 하지 않아도 된다는 것을 알게 되었다.

깊은 호흡은 몸 내부에 에너지를 전달해 주고, 제대로 걷기는 혈액순환을 자극하고 균형을 되찾아 주어서 육체를 활성화시켜 준다. 건강하게 하는 식사는 몸이 원하는 것을 주는 행위이다. 몸이 원하는 것을 주면 몸도 나에게 일상을 활력 있게 살아갈 에너지로 보답해 준다.

우리의 몸과 마음은 분리된 것이 아니다. 이렇게 몸을 아끼고 사랑하다 보면 마음도 편안해 진다. 무엇도 파괴할 수 없는 내면의 힘은 어쩌면 이런 기본적인 것에서 나오지 않을까.

생각을 바꾸면 인생도 바뀐다고 한다. 생각만 그럴까? 내 경험에는 숨 쉬는 것, 걷는 것 그리고 먹는 것만 바꿔도 인생이 바뀔 수 있다는 것을 알게 되었다.

09_ 책값 100배의 법칙

실천하는 독서의 힘을 믿는 데는 이유가 있다. 책값 100배의 법칙이 있기 때문이다. 책값 100배의 법칙이란 '책값×100권×100배'가 나타내는 숫자 이상이 자신의 연봉(가처분 소득)이 될 수 있다는 것이다.

예를 들면, 1년에 100권을 읽는 사람의 평균 책값이 1만원이라면 1억 연봉이 될 수 있고, 150권을 읽는 사람의 평균 책값이 1만원이라면 1억5천만 원의 연봉이 된다는 계산이다. 사업을 하는 경우에는 연봉이 아니라 가처분 소득이 된다.

물론, 정확히 딱 떨어지는 것은 아니고 오차도 많이 날 수 있다. 하지만 사회생활을 하면서 만난 사장님들, 임원, 직장인 그리고 전문직에 종사하는 사람들을 만났을 때 그 사람의 연봉은

100권 정도를 읽는다고 보면 들어간 책값의 100배가 비슷하게 나오는 것을 알았다.

100권 정도의 책을 읽는 사람이라도 정확히 들어맞지 않는 경우도 있을 것이다. 그러나 시간이 지나가면서 100배의 연봉에 가까워 질 수 있는 가능성이 높아지는 것을 알게 되었다. 과학적이고 논리적이라고 말할 수는 없지만 경험적으로 알게 된 사실이다.

책을 어떻게 대하는가는 그 사람의 삶의 애착에 대한 태도이다.

뭔가를 자신에게 해 주고 싶기도 하고, 성장을 위한 씨앗을 뿌리기 위한 태도이기도 하다. 퇴근 후에, 일을 마친 후에, 주말마다 그냥 쉬고 싶은 마음에도 책에 눈길을 주고 가까이 대하는 태도는 다른 사람이나 물건을 대할 때의 태도와도 무관하지 않기 때문이다.

책을 가까이 접하려고 노력하는 사람은 일도 뭔가 똑 부러지게 하고 싶어 하고, 다른 사람의 의견을 소중히 생각하기 마련이다. 책도 자신의 생각과 다른 저자의 의견이기도 하기에. 앞으로의 책은 단순히 읽는 도구가 아니다.

책을 읽는 사람이 적을수록 책과 연관된 '책값 100배'의 법칙은 위력을 발휘할 것이다. 앞으로는 많은 것이 기계로 대체가 되고, 모든 게 네트워크로 연결된 IoT(사물인터넷) 세상이 될 수록 책을 가까이 하는 사람들의 가치는 높아질 수밖에 없다.

책값 100배의 법칙이 아니더라도, 책 덕분에 건강해진 몸은 그 이상의 가치가 있다. 물론 책만 읽어서는 100배의 가치를 만들어 낼 수도 없고, 건강한 몸을 만들 수도 없다. 실천의 힘이 있어야 한다.

평범했던 저자야 말로 실천하는 독서를 통해서 100배의 가치를 얻을 수 있었고, 건강한 몸도 만들 수 있었다. 그래서 독서의 힘에 대한 믿음이 더 강해진 것이다.

사람이 하는 기계적인 일은 기계나 컴퓨터가 대체할 수 있지만, 기계가 할 수 있는 생각과 창조성에는 많은 한계가 있다. 그래서 독서는 미래를 변화시키는 가장 확실한 도구가 되어 줄 것이다. 믿기 힘들다면 한번 시도해 보길 바란다. 이 법칙이 정말 통하는지를.

손 안에 들어오는 가벼운 책 한 권의 실천의 힘은 누적이 되었을 때 우리가 상상하지 못하는 결과를 가져다 준다.

10_ 돌도끼에서 휴대폰까지, 그리고 다시 책

사람은 손에 들고 있은 것으로 진화를 거듭하고 있는 듯하다. 이런 상상을 해보자. 구석기 시대는 돌도끼를 손에 들고 많은 것을 실천했으리라. 돌도끼 하나를 손에 들고 있으면 모든 것을 손에 들고 있는 돌로 해결했을 것이다. 싸울 때도, 사냥을 할 때도, 나무를 자를 때도.

현재는 지하철만 타도 많은 사람들의 손에 휴대폰이 들려있다. 휴대폰을 손에 든 사람들은 세상 정보와 욕구를 휴대폰으로 해결한다. 건강 상식, 부동산 정보 그리고 미국의 메이저리그 경기 결과도. 그리고 음악을 듣고, 드라마를 보고, 쇼핑도 하고 손가락 가는 대로 검색도 한다.

책을 읽다 보면 기분 좋은 감정이 드는 문장을 우연히 만나게 된다. '이건 괜찮은데', '생각하고 있었는데, 이건 한번 해보자.' 하는 의욕이 생기게 마련이다.

책을 손에 들고 있다면, 실천을 위한
든든한 도구 하나를 손에 넣은 셈이다.

필자도 건강에 대해서, 아침 식사를 간단히 하는 방법에 대해 고민하고 있을 때, 읽었던 책을 실천하면서 아침을 기분 좋게 시작할 수 있었다.

오늘 아침도 평소와 마찬가지로 맨발 산행을 나섰다. 산길에 떨어져 있는 솔방울, 도토리를 맨발로 밟을 때는 발바닥의 살아

있는 감각을 맘껏 느낀다. 석기시대에 대한 향수와 본능 때문일까? 돌을 주워서 떨어진 밤을 까 보기도 하고, 떨어진 도토리를 주워 보기도 한다.

아침 산행을 마치고 집에서 간단한 식사 (보통은 검은 바나나를 2개정도 먹는다)를 한다. 맨발 산행을 하면서 몸도 더 건강해졌고, 아침에 먹는 검은 바나나는 하루의 시작을 가볍고 활기차게 만들어준다.

자기계발서와 실용서를 많이 읽고 실천한 덕분에 이렇게 책도 쓰고 있으니 책이 준 선물로 생활의 리듬을 즐긴다고 하는 편이 좋을 듯하다. 생활의 많은 부분이 책을 통한 실천인 셈이다. 이렇게 책을 읽고 생각한 것을 행동에 옮긴다는 것은 정말 멋진 일이다.

실천은 비교가 되지 않는 경험이다. 필자가 아침산행의 좋은 점, 검은 바나나가 좋았다고 아무리 지인들에게 얘기해도 직접 경험해 보지 않으면 와 닿지 않는 일이다. 이런 경험 하나하나를 책을 통한 실천으로 얻을 수 있다는 것도 정말 행운이었다. 이렇게 독서를 통한 실천은 가성비 있게 나를 이해하고 변화시키는 경험이다.

11_ 기분 좋은 변화를 만들어주는, 실천 리스트 정리법

'아, 여행가고 싶어!',

'운동도 해서 살도 빼고 싶어.'

'저런 멋진 라이프 스타일은 배우고 싶어.'

책을 읽다 보면 몸에 짜릿한 전율이 흐르거나 느낌이 강하게 오는 부분이 있다. 배우고 싶고 하고 싶은 욕망이 몸으로 느껴지는 것들이 있다. 하고 싶은 것들은 많고 어디서부터 시작해야 할지 막막할 때 좋은 방법이 있다.

보기만 해도 기분 좋아지는 실천 리스트 정리법이다. 한번 해두면 계속 업데이트 하면서 할 수 있고, 시각적으로도 좋은 기분을 느끼기 때문에 추천하고 싶다.

기분 좋아지는 실천 리스트 정리법

1. 자신이 하고 싶은 기분 좋은 일을 2~3문장으로 적는다.
PPT나 워드 같은 문서 작성 프로그램을 활용한다. 작고 사소한 내용
이라도 좋다. 실천의 힘은 갈수록 커지니까

2. 책이나 인터넷에서 비슷한 사진을, 실천하고 싶은 문장 밑에 붙인
다. 이미지의 힘은 텍스트 이상의 효과가 있다.

3. 파워포인트나 PDF 파일로 노트북과 휴대폰에 보관한다.
휴대폰은 항상 가지고 다니기 때문에 보기가 쉽다. 휴대폰에 PDF파
일로 보관하면서 수시로 보면, 실천을 위한 동기부여도 되면서 기분
좋은 하루를 보낼 수 있다.

4. 일주일에 한 번씩 추가할 내용이 있으면 업데이트를 한다.
중간 중간 구체적인 내용을 수정해도 좋다.

'알고 있는 것'과 '알고 있다고 생각하는 것'은 사뭇 다르다. 실천을 잘 하지 못하는 사람들은 대부분 그 두가지를 구별하지 못한다.

예를 들어보자. 건강한 식사를 하고 싶어 하는 사람이 있다. 어떤 식사가 건강한 식사인지, 건강한 식사를 위해 어떻게 해야 하는지를 구체적으로 물어보면 대부분 고개만 갸우뚱한다. 이런 경우에도 알고 있다고 생각은 하지만, 실제로 알고 있는 것은 아니다.

실천을 위해서는 여러분이 무엇을 원하는지 제대로 알고 있어야 한다.

이미지를 넣어서 원하는 일을 2~3문장으로 적다 보면 내가 무엇을 원하는지 구체적으로 표현할 수 있다. 제대로 알고 있으면 실천도 쉬워지는 셈이다.

필자는 파워포인트로 한 페이지에 하나의 실천을 이미지와 함께 정리한다. 중요한 점은 문장이나 사진이 볼 때 마다 기분 좋은 느낌이 들어야 한다는 것이다. 이렇게 정리한 실천리스트를 PDF

파일로 전환한 후 에버노트에 저장해서 매일매일 본다. 보통은 출근하면서 지하철에서 보는데 기분 좋게 하루를 시작할 수 있고, 실천을 위한 마음의 다짐도 잊지 않고 하게 된다.

물론 매일 실천하는 것도 있고, 몇 개월이 걸리는 일도 있다. 중요한 것은 일주일에 한 번씩은 리스트를 업데이트 하고 매일 보면서 의식하는 것이다.

기분 좋아지는 실천 리스트

여기서 실천을 강조하는 것도 독서가 자기성장과 삶에 도움이 되어야 하기 때문이다. 작은 것이라도 하나하나 실천하다 보면 가능성의 나를 경험하게 된다. 긍정적이고 활력을 주는 변화는 실천을 통해 일어난다. 우리가 어릴 적에 자전거 타기, 피아노치기와 걷는 법도 연습과 실천을 통해 배웠다는 것을 기억하자.

자신감 넘치고 자기다움을 만들어 가는 만족감은 이런 작은 실천의 힘에서 나온다. 볼 때 마다 기분 좋은 여러분의 실천 리스트를 만들어 보길 바란다. 사소하거나 작은 일이라도 여러분만의 결실을 볼 수 있다. 얼마나 멋진 일상인가!